OpernTurm

jovis

Bibliografische Information der Deutschen Nationalbibliothek
Die Deutsche Nationalbibliothek verzeichnet diese Publika-
tion in der Deutschen Nationalbibliografie; detaillierte bibliografische Daten sind im Internet über http://dnb.d-nb.de
abrufbar.
Bibliographic information published by the Deutsche Nationalbibliothek. The Deutsche Nationalbibliothek lists this publica-
tion in the Deutsche Nationalbibliografie; detailed bibliographic
data are available on the Internet at http://dnb.d-nb.de

Umschlagfoto / cover	Wolfgang Leihener, Kronberg i.Ts.
Konzeption, Layout und Koordination / concept, layout and coordination	Ellen Denk, Frankfurt am Main
Satz / typesetting	Ellen Denk, Rebecca Heymann, Frankfurt am Main
Lektorat / editing	Julia Richter, Berlin
Übersetzung / translation	Rachel Hill, Berlin
Lithografie / lithography	Bild1Druck, Berlin
Druck und Bindung / printing and binding	fgb freiburger graphische betriebe, Freiburg
Verlag / publisher	jovis Verlag GmbH Kurfürstenstraße 15/16 10785 Berlin

ISBN 978-3-86859-048-7

www.jovis.de

OpernTurm Frankfurt am Main

Prof. Christoph Mäckler Architekten
Christoph Mäckler   Claudia Gruchow   Thomas Mayer   Mischa Bosch

Turmköpfe
Tower heads

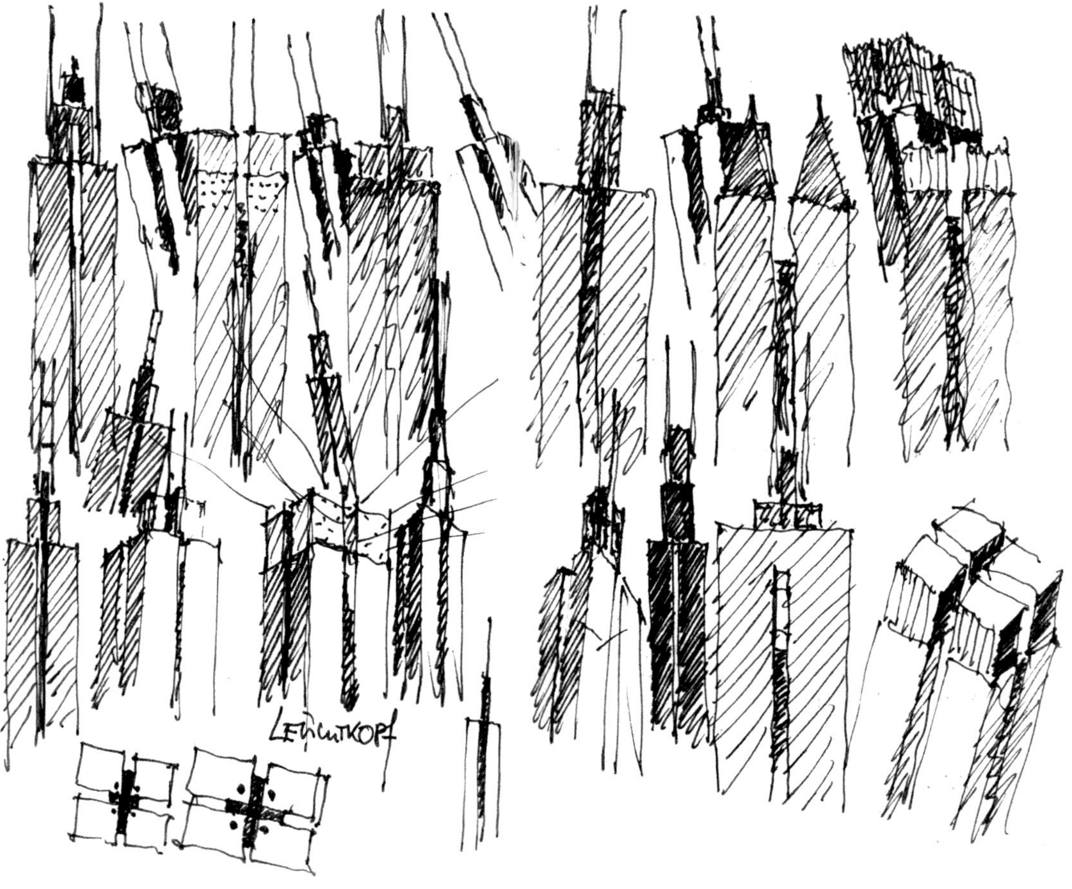
LEUCHTKOPF

OpernTurm

Jerry I. Speyer

We were very pleased with our collaboration with one of Germany's leading architects, Christoph Mäckler, who is a brilliant and creative architect. The quality of Mäckler's work, his design skills, and his talent are remarkable.

Tishman Speyer is proud of its achievements in Germany, and above all, in Frankfurt. In 1991, we completed the MesseTurm, our first high-rise in Frankfurt. We currently own or manage close to five million square feet of buildings throughout Germany.

When the OpernTurm development site became available, we wanted to participate in the new construction on what was one of the most important development sites available in Germany. We were honored to be part of such a prestigious project.

The selection of an architect for such a landmark building is one of the most important aspects of a successful project. We had not worked with Prof. Mäckler in the past, but knew his work by reputation. We were eager to collaborate based on the quality of his portfolio and his track record of innovation and great design. His talent seemed to be a perfect match for this site and with our goals of excellence and quality.

The OpernTurm design results have exceeded our expectations. The building is unique in significant respects, and will enhance Frankfurt's skyline. We hope it will become a cathedral of commerce for the city. It is appropriate to highlight some of the unique aspects of the building. At this time, Class-A office towers require glass façades. However, we also wanted to focus on energy efficiency. Prof. Mäckler figured out how to achieve both: the offices have floor-to-ceiling glass, but the façade is nearly 50% stone. This feature strengthens the sustainable nature of the office tower. In fact, the building will use 20% less energy than other buildings of its size. Another unique feature is the segmentation of each floor into four sections, creating a more elegant tower and allowing for twelve "corner" offices per floor. Two other striking aspects of the design can be appreciated by the public: the grand entrance hall and the stone pilaster articulation on the façade. The grand entrance hall allows for over three floors in clear-height. This grand entrance will contribute to the landmark quality of the user experience and will also showcase monumental art.

We are incredibly proud of the OpernTurm development. It represents a new standard of Class-A office construction in Germany. It will further enhance Frankfurt's position as the financial capital of Germany. The design aspects – from the point of view of form, function, and sustainability – will be an example for generations to come. This project would not have been possible without Prof. Mäckler's incredible skills and we are honored to have collaborated so closely with him. He is a great talent indeed.

Skyline Frankfurt am Main

Der Opernturm Frankfurt – Ein städtisches Ensemble
Walter A. Noebel

Anfänger und Amateure messen dem so genannten Einfall zuviel Gewicht bei. Vollkommene Typographie entsteht vorwiegend durch die Wahl zwischen verschiedenen Möglichkeiten, deren Kenntnis Sache langer Erfahrung, wie die richtige Wahl Sache des Taktes ist. Gute Typographie kann nicht witzig sein. Sie ist das genaue Gegenteil eines Abenteuers. Der Einfall zählt also wenig oder gar nicht. Er zählt um so weniger, als er nur auf gerade eine Arbeit anwendbar ist. In einer guten typographischen Arbeit sind alle einzelnen Teile formal durch einander bedingt, und ihre Verhältnisse werden langsam erst während der Arbeit entwickelt.

Jan Tschichold,
Ausgewählte Aufsätze über Fragen der Gestalt des Buches und der Typographie. S. 12, Basel 1975

Als ich mich gegen Ende der 70er Jahre zum ersten Mal mit dem Auto von Norden auf die Stadt Frankfurt zu bewegte, flimmerte bereits das Ensemble der Hochhäuser ähnlich einer Fata Morgana in unwirklicher Präsenz, obgleich es natürlich noch deutlich weniger Türme waren als heute. Sie stachen ganz prägnant heraus aus dem Körper der Stadt, der ja nun damals nicht gerade die Dimension anderer mitteleuropäischer Großstädte, sondern eher beschauliche Dimensionen aufwies. Gerade aber die Konzentration der Türme in einem ganz bestimmten Bereich der Stadt, an den Grünanlagen des ehemaligen Walls, gab der boomenden Stadt so etwas wie eine konzeptuelle Logik. Es war die Zeit, als die Diskussion zum Wiederaufbau der Alten Oper bereits in vollem Gange war und die Rückbesinnung auf die stadträumlichen Qualitäten der europäischen Stadt setzte ein.

Wenn wir uns heute von Süden der Stadt nähern, so ist das Bild von damals noch ziemlich präsent, nur hat sich das Ensemble deutlich erweitert und verdichtet. Auch ist es nicht die besondere Qualität jedes einzelnen Turms, welche diesen Eindruck erzeugt, sondern vielmehr einige Regeln, wie Standorte und die Höhe der Türme, die dieses Bild bestätigen. Ob ein Turm nun höher oder gar schöner ist, spielt hier eigentlich keine Rolle – es ist die konzentrierte Versammlung, ähnlich einer Tischgesellschaft im Wohnzimmer der Stadt. Und wenn wir dann bei jedem Turm etwas genauer die Einbindung in den Stadtraum, die Verankerung im städtischen Kontext betrachten, so müssen wir feststellen, dass dies hier ohne Ausnahme nicht thematisiert wurde: Alle bis dahin errichteten Türme sind Solitäre, die aus der Perspektive des Fußgängers keinen Bezug zur angrenzenden, meist malträtierten Bebauung der Nachkriegszeit aufweisen.

Nun, die Alte Oper wurde bekanntlich wieder aufgebaut und es entwickelten sich in diesem Zuge Ansätze eines regen städtischen Lebens – zumindest auf der Südostseite am Ausgang der Fressgasse. Die Nordwestseite hingegen markierte einen deutlichen Bruch, bedingt durch den fast vollständigen Abriss der Platzkante zum Opernplatz; der Übergang in die Bockenheimer Landstraße hatte etwas Ungemütliches, auch aufgrund der solitären Nachkriegs-

The Frankfurt OpernTurm – An Urban Ensemble
Walter A. Noebel

Beginners and amateurs alike place too much importance on the so-called "idea." Quintessential typography largely comes of selection from various options; knowledge of such is a matter of long experience and optimal selection is a matter of savoir-faire. Good typography cannot be comical. It is the exact opposite of an adventure. So the idea counts for almost nothing. The fact that it can just about be applied to one job makes it count even less. All the individual parts of a good typographic job are formally determined by each other; their relations to one another are only gradually developed during the working process.

Jan Tschichold,
Ausgewählte Aufsätze über Fragen der Gestalt des Buches und der Typographie. P. 12, Basel 1975

As I approached the city of Frankfurt by car from the north for the first time ever in the late nineteen-seventies, the ensemble of high-rises shimmered like a mirage in surreal presence, although there were a lot less towers then than today. They poked very compactly out of the body of the city, which was of more modest dimensions at that time and did not exactly measure up to the sizes of other central European cities. Yet it was precisely the concentration of towers in a very specific area of the city, at the green area of the former ramparts, that gave the booming city a sort of conceptual logic. It was the time at which debate around the reconstruction of the old opera was in full swing and a return to the urban spatial qualities of the European city was taking hold.

If we approach the city from the south today, the impression from back then is still pretty much there, although the ensemble has grown and consolidated itself considerably. This impression is corroborated by a few rules such as the location and height of the towers rather than by the particular quality of each individual tower. Whether a tower is higher or more beautiful is irrelevant – it is the concentrated collection that does it; like a literary circle in the sitting room of the city. And if we look a bit closer at how each tower is integrated into the cityscape, if we consider its anchorage into the urban context, we will discover that without exception these issues have not been addressed at all: all of the towers thus far erected are solitaires, which, from a pedestrian point of view, have absolutely no relation to the neighboring, usually maltreated, post-war buildings.

Now, it is a well-known fact that the old opera has been reconstructed, in which context a bustling urban life began to develop – at least to the southeast towards Fressgasse Lane. However, the northwestern side still represented a clear rupture, as a result of the almost complete demolition of the edge towards Opernplatz; there was something uncomfortable about the transition into Bockenheimer Landstrasse, also as a result of the solitaire post-war buildings there, whose ground-floor zones denied cultivated urban usability. Not even quality structures such as the former HOCHTIEF building by Egon Eiermann provided the necessary urban presence, a concept that was recently totally entombed by its replacement building.

But first let us return to our approach to the center of Frankfurt from the south, and let us imagine it at dusk, the time of day that

Der geschlossene Platzraum um 1905

The closed space of square around 1905

Der aufgelöste Platzraum um 1985

The fragmented space of square around 1985

bebauung an dieser Stelle, deren Erdgeschosszonen sich kultivierter städtischer Benutzbarkeit entzogen. Auch qualitätvolle Bauten, wie das ehemalige HOCHTIEF-Haus von Egon Eiermann, erreichten nicht die erforderliche städtische Präsenz, und mit dem Ersatzbau wurde dieser Gedanke kürzlich erst vollständig begraben.

Kommen wir aber zunächst zurück auf unsere Annäherung an das Frankfurter Zentrum von Süden und stellen wir uns diese in der Abenddämmerung vor, die alle Hochhäuser Frankfurts merkwürdig gleichförmig erscheinen lässt, so bemerken wir hier einen neuen Turm im Ensemble; er ist nicht besonders hoch, kapriziert sich auch nicht mit einem vordergründig spektakulären Design des Turmkopfes oder anderen modischen Attitüden, nein, ich würde es als ein schüchternes, zurückhaltendes Lächeln interpretieren, wie er uns anschaut, der neue OpernTurm. Er erzählt etwas von einer ganz anderen städtischen Präsenz, durchaus selbstbewusst und möchte eigentlich mit seinem wie ein freundliches Gesicht erscheinenden Kopf auf eine vielleicht viel interessantere Neuigkeit hinweisen. Man ist unweigerlich neugierig und versucht herauszufinden, worauf er denn nun aufmerksam machen möchte, wenn man an seiner Knopfleiste, dem plastisch herausgearbeiteten Schlitz, hinabschaut.

Wenn wir uns dem Gebäude nähern, erkennen wir sofort, dass es sich hier um einen ganz ungewöhnlichen Turm handelt. Ähnlich wie vielleicht nur das Torhaus auf der Messe von Matthias Ungers gelingt es Christoph Mäckler mit dem OpernTurm, trotz eher bescheidener Höhe, dem Gebäude etwas gleichermaßen Unverwechselbares wie auch Selbstverständliches zu verleihen und ihn insbesondere im städtischen Kontext an dieser delikaten Stelle Frankfurts fest zu verankern. Die sechsgeschossige Randbebauung zum Opernplatz erreicht mit ihren Gliederungselementen aus dem Repertoire der europäischen Stadtbaukunst eine zurückhaltende städtische Präsenz und einen würdigen und überfälligen westlichen Abschluss des Opernplatzes. Insbesondere die arkadisierten Sockelgeschosse tragen dazu bei, dass nun die Schwelle zur anderen Straßenseite aufgehoben wurde, was sich an einer deutlichen Belebung des Straßenraumes zeigt.

Der Turm drängt sich nicht an die Platzkante, sondern gibt sich scheinbar mit der zweiten Reihe zufrieden, zeigt seine ganze Höhe aber eindrucksvoll an der Bockenheimer Landstraße, wo auch der Zugang zum Foyer vis-à-vis mit dem Kettenhofweg schlüssig formuliert ist. Dass durch die kompakte Anordnung der Bauteile auch noch eine beträchtliche Fläche des Rothschildparks als Parkfläche für die Stadt zurückgewonnen werden konnte, kommt auch der Qualität des Hauses zugute. Überhaupt stellt die konzeptuell eindeutige Erschließung der einzelnen Nutzungsbereiche eine überzeugende Kohärenz zur tektonischen Formulierung der Teile des Ensembles dar. So wird die Randbebauung wie selbstverständlich über die Arkade erreicht, die Büroflächen eines großen Hauptmieters im Turm werden über eine zwischen Turm und Randbebauung eingefügte Galerie, die räumlich auch das innere Gefüge ablesbar macht, mit separaten Zwischengeschossen erschlossen und der Turm selbst über eine spektakuläre Lobby mit 18 Metern Höhe.

Beim Entwurf eines Hochhauses von 170 Metern Höhe und

makes all of Frankfurt's high-rises look strangely similar; we notice a new tower in the ensemble. It is not particularly high, does not capriciously indulge foremost in a spectacularly designed tower head nor other fashionable gestures. No, I would interpret the way that it looks at us as a shy, unobtrusive smile; the new OpernTurm. It reveals something of a totally different urban presence, by all means self-confident, and its friendly face-like head actually wants to point to a perhaps much more interesting novelty. One inevitably becomes curious as one tries to discover what it is drawing our attention to; one peers down the length of its button facing, its plastically carved out slit.

As we approach the building, we immediately recognize that this is a highly unusual tower. Perhaps only similar to the Torhaus at the trade fair grounds by Matthias Ungers, despite its relatively modest height, Christoph Mäckler has succeeded in simultaneously making his OpernTurm equally unmistakable and natural, while notably also managing to anchor it firmly within the urban context of this delicate part of Frankfurt. The compositional elements of the six-story perimeter buildings around Opernplatz, taken from the repertoire of European urban design, give them a reserved urban presence, providing the Opernplatz with a dignified and long-awaited closure to the west. The arcaded podium levels in particular help to remove the threshold to the other side of the street, which is proven by the considerable enlivenment of the street area.

Rather than pushing its way to the edge of the square, the tower seems content to have a place in the second row, however it impressively reveals its full height in Bockenheimer Landstrasse, where the entrance to its foyer has been coherently formulated vis-à-vis Kettenhofweg. The fact that the compact composition of the building components has allowed a considerable amount of Rothschildpark to be reclaimed as an open space for the city adds to the quality of the building. All in all, the conceptually unambiguous consolidation of individual functional areas remains convincingly coherent with the tectonic formulation of the individual parts of the ensemble. The perimeter buildings are therefore almost naturally accessible via the arcade, the office spaces of one of the tower's main tenants are connected via a gallery, with separate interim levels, between the tower and the perimeter buildings, also making the interior microstructure legible, while the tower itself is accessible via a spectacular eighteen-meter-high lobby.

When designing a 170-meter-high tower with a reasonable floor area of approximately 1,600 square meters per level, giving the tower elegant proportions becomes a huge problem as the pure volume of such dimensions would turn out to be rather clunky. One could use all sorts of distorted geometries and decompositions to try to achieve more slender elevations, however at the latest when dealing with the necessarily associated spatial geometries, the questions of use and coherence of structure and appearance would unavoidably arise.

The OpernTurm has been composed as a compact rectangle whose volume is structured into four parts or towers. In so doing, it does not fall apart before a common denominator has been found; on the contrary it is remains true to the volume and has been carefully worked through, thus yielding two types of legibility: one of an ensemble of parts or the other of a sculpturally-composed whole.

Optimization of the standard story is decisive for the economic viability and thus the practicability of a high-rise; the core of the OpernTurm consists of a compact rectangle into which all of the

Ensemble in gelbem Naturstein mit Nachbarbebauung

Ensemble in yellow stone with neighboring building

einer sinnvollen Geschossfläche von etwa 1600 Quadratmetern je Ebene ist es ein großes Problem, dem Turm eine elegante Proportion zu verleihen; das reine Volumen würde bei diesen Dimensionen eher plump erscheinen. Man könnte nun versuchen, über allerlei verzogene Geometrien und Dekompositionen schlankere Ansichten zu erreichen, spätestens aber bei den damit notwendigerweise einhergehenden Raumgeometrien stellt sich unweigerlich die Frage nach der Nutzbarkeit und einer Kohärenz von Struktur und Erscheinung.

Der OpernTurm ist als kompaktes Rechteck ausgelegt, dessen Volumen in vier Teile oder Türme gegliedert ist. Dabei fällt dieser Ansatz nicht wieder auseinander, bevor das Thema gefunden wurde, sondern ist stets dem Volumen verpflichtet und sorgfältig durchgearbeitet; so ergeben sich auch hier zwei Lesarten: die eines Ensembles aus Teilen oder die eines skulptural gegliederten Ganzen.

Entscheidend für die Wirtschaftlichkeit und mithin Brauchbarkeit eines Hochhauses ist die Optimierung der Regelgeschosse; der Kern des OpernTurms besteht aus einem kompakten Rechteck, in das alle Funktionen einbeschrieben sind. Die darum angeordneten Büroflächen sind stützenfrei, erhalten unterschiedliche Tiefen an Längs- und Querseite und ermöglichen damit eine große Variation an Bürotypen. Seine funktionale Gliederung folgt der außen dargestellten Turmvierung und über die Aufzugslobby sind ähnlich einem städtischen Grundriss – über die Hauptachsen *cardo* (Nord-Süd) und *decumanus* (Ost-West) – bis zu vier separat erschlossene Büroeinheiten darstellbar – mehr Flexibilität geht nicht! Und dabei korrespondieren Grundriss und äußeres Erscheinungsbild auf kohärente Art und Weise.

So ist auch die tektonische Gliederung des gesamten Turmschafts trotz der Vierung immer dem Ganzen verpflichtet; die vier *Turmfragmente* sind wiederum selbst als eigenständige Volumina gefasst, was durch die kräftigen Eckrisalite unterstrichen wird. Die Vertikalität wird dabei noch unterstützt durch die pilasterartig ausgebildeten Fassadenstützen und die zurücktretenden Fensterelemente. Die Fassade ist insgesamt sorgfältig profiliert, wobei jede einzelne Maßnahme immer nur soweit in Erscheinung tritt, als dass sie das Ganze nicht in Teile zerfallen lässt. Eine feine horizontale Profilierung des hellbeigen Natursteins fasst die vertikalen Elemente und fügt sie subtil zu einem Ganzen. Die elegant proportionierten Fensterelemente erhalten seitlich in das Detail integrierte Lüftungsklappen, die eine unkomplizierte natürliche Belüftung ermöglichen. Die tektonische Durchbildung der Natursteinfassade folgt dem Gliederungsgedanken des Ensembles. Um die Solidität der einzelnen Bauteile zu unterstreichen, sind die flächigen Bekleidungen horizontal kanneliert und im Verband aufgebaut; die Laibungen und Gebäudeecken hingegen erhalten glatte Elemente in deutlich kräftigerer Materialität und verstärken damit das monolithische Erscheinungsbild. Interessant ist auch die Differenzierung der Fassaden in Sockel und Turmschaft. Während der vertikale Anlauf der Turmfassaden durch die profilierten, zurückgesetzten Geschossbänder zwischen den Fensterelementen subtil gebündelt wird, besteht der Sockel der Randbebauung aus einer homogeneren Lochfassade, die mit ihrer Arkadisierung sowie dem zurückgesetzten Dachgeschoss eine Hie-

functions are incorporated. The office areas arranged around it are column-free and are of differing depth on the longitudinal and transverse sides, thus facilitating a large variety of office types. The tower's functional structure corresponds to the quarters as expressed on the exterior of the building and it is similar to a city plan above the elevator lobby – above the principle axes *cardo* (north-south) and *decumanus* (east-west) – up to four separately accessible office units can be represented – more flexibility would be impossible! And ground plan and exterior appearance correspond coherently in all of this.

The tectonic composition of the whole tower shaft thus always remains true to the whole despite the quarters; the four *tower fragments* are in turn composed as independent volumes, a feature that is underlined by massive corner risalits. This verticality is underscored by the pilaster-like formation of the façade columns and receding window elements. The façade as a whole has been carefully profiled; each individual step is taken as far as it can go without causing the whole to fall apart. A fine horizontal profiling of light beige natural stone holds together the vertical elements, subtly merging them to a whole. Side ventilation flaps have been integrated into the detailing of the elegantly proportioned window elements, providing uncomplicated natural ventilation.

The tectonic design of the natural stone façade follows the same compositional line of thought as the whole ensemble. Its planar cladding has been horizontally fluted and structured in a formation that underscores the solidity of the individual building components. On the other hand, the soffits and the corners of the buildings are made of smooth elements in much stronger materiality, thus underlining its monolithic appearance. The differentiation of the façade in podium and tower shaft is also interesting. While the vertical onset of the tower façade has been subtly bundled by the profiled, receding level strips between the window elements, the podium, and perimeter buildings consist of a more homogenous perforated façade, which has been given a hierarchy through the arcades and the receding roof level. An unusual feature here is the construction of the window elements, whose opening wing has been arranged behind a contoured glazed acoustic panel. The rules and the exceptions, the deviations from the rules are the elemental repertoire of a cultivated architect, with which he produces a harmonious order of the elements of his building. The glass façade, which stretches uninterrupted over the whole height of the foyer, represents a special and unusual construction. It works without the extra support that is usually required to withstand high wind loads. The trick lies in the hidden detail. The whole façade is internally pre-stressed with steel cables and it is anchored on the lower levels by vibration dampers; the lateral connections are safeguarded by double brush seals, allowing the giant façade element to move like a sail between the natural stone pillars. This is also a detail that would certainly not have been realized without the extremely high standards demanded by the client.

The tower head of the OpernTurm manages to demonstrate its urban presence without forced originality or antenna structures. Its upper conclusion, the *coronamento*, has, like the podium and shaft, evolved almost naturally from the inner composition and tectonics of the volume. At the same time the unconventional design of the tower head also demonstrates an extremely unusual, by all means spectacular approach; although it is also split by four vertical incisions, the positions of the openings communicates the unity of the whole to the outside and thus

rarchisierung erfährt. Ungewöhnlich ist hier die Konstruktion der Fensterelemente, deren Öffnungsflügel hinter einer
konturierten gläsernen Schallschutzblende angeordnet
wird. Das Regelhafte und die Ausnahme, die Abweichung
von der Regel mithin sind das elementare Repertoire des
kultivierten Architekten zur harmonischen Ordnung der
Elemente seines Hauses. Eine besondere und ungewöhn-
liche Konstruktion stellt hier die große, über die gesamte Höhe des Foyers durchgehende Glasfassade dar. Sie
kommt ohne die ansonsten notwendigen Verstärkungen
zur Aufnahme der hohen Windlasten aus. Der Trick liegt
im Verborgenen: Die gesamte Fassade ist intern mit Stahl-
kabeln vorgespannt und im Untergeschoss über Schwin-
gungsdämpfer rückverankert; die seitlichen Anschlüsse
werden über doppelte Bürstendichtungen gewährleistet
und das riesige Fassadenelement kann sich damit wie ein
Segel zwischen den Natursteinpfeilern bewegen. Auch dies
ist eine Detaillösung, die ohne den extrem hohen Anspruch
des Bauherrn sicherlich nicht realisiert worden wäre.
Der Turmkopf des OpernTurms kommt, um seine städtische
Präsenz zu zeigen, ohne angestrengte Originalitäten oder
gar Antennenaufbauten aus. Sein oberer Abschluss, das
coronamento, ist ähnlich wie Sockel und Regelwerk wie
selbstverständlich aus dem inneren Gefüge und der Tek-
tonik des Körpers entwickelt. Dabei zeigt die eigenwilli-
ge Durchbildung des Turmkopfes einen recht ungewöhnlichen, durchaus spektakulären Ansatz; obwohl auch er
über die vier vertikalen Einschnitte geteilt wird, sugge-
riert die Setzung der Öffnungen wiederum nach außen die
Einheit des Ganzen und fasst sozusagen die vier Stelen
wieder zu einem Haus zusammen. Die äußere, arkadisier-
te Gliederung der zweigeschossigen Dachzone ist besonderen Räumen vorbehalten und verbirgt zudem äußerst
geschickt die leidigen Dachzentralen der Lüftungstech-
nik. Die skulptural strukturierten Gesimse sind nach innen
gekehrt und werden, erlebbar aus den besonderen Veran-
staltungsräumen des Dachgeschosses, zum exklusiven

reunites the four stems to one building. The exterior, arcaded
composition of the two-story roof area contains special spaces
while also cleverly concealing the vexatious rooftop ventilation
technology. The sculpturally structured cornices are turned in-
wards and can be exclusively experienced by the users of the
building as they are visible only from the special events spaces
of the roof level – a reversal of the usual principal.
It has long not been the most genial artistic design that leads to
the most compelling solution; it is rather the persistent pursuit of
a subject under continuous optimization in close collaboration
with the client. The fact that these days this role is often carried
out by anonymous project developers who are barely able to
develop an understanding of architecture – indispensable for a
constructive altercation with the architect – may be the fault of
current organizational structures. There seem to be only very
few left who, in the best tradition of a "client," are able to differ-
entiate between quality and quantity and who do not consider
"optimization" to be a purely one-way street to economic viability. Jerry Speyer belongs to that rare species of client who pos-
sess that sense of proportion; who else would dare to get rid
of 5,000 square meters of floor space on Bockenheimer Landstrasse to give the tower an appropriate entrée and to provide
breathing space for the forecourt? Anyone who is familiar with
the obstinacy of Jerry Speyer and his team knows that these
optimizations are no easy task for an architect; however, that
these must not necessarily lead to a loss of architectural quality
is a result of his sense of proportion, which in this case is also a
lucky coincidence for the city.
Christoph Mäckler, from whose architectural oeuvre I was always impressed by the smaller buildings and sensitive conver-
sions or surprised by the often bizarre attention to detail, has
succeeded in creating a persuasive building, a tower of under-
stated urban presence, anchored in the Frankfurt context; that
is highly unusual. Au fin: I cannot but demonstrate to my col-
league my huge appreciation for this work of art.

Chapeau, Christoph!

Raumerlebnis der Nutzer des Hauses – eine Umkehrung des üblichen Prinzips.

Nun ist es schon lange nicht mehr der genialistische künstlerische Entwurf, der zu den überzeugendsten Lösungen führt; es ist vielmehr das beharrliche Verfolgen eines Themas unter ständiger Optimierung in enger Zusammenarbeit mit dem Auftraggeber. Dass diese Rolle heute meist von anonymen Projektentwicklern wahrgenommen wird, die oft kaum in der Lage sind, ein architektonisches Verständnis zu entwickeln – unabdingbar für eine konstruktive Auseinandersetzung mit dem Architekten –, mag den heutigen Organisationsstrukturen geschuldet sein. Es gibt wohl nur ganz wenige, die in der besten Tradition eines „Bauherrn" heute noch in der Lage sind, Qualität und Quantität zu unterscheiden und „Optimierung" nicht als eine reine Einbahnstraße einer vordergründigen Wirtschaftlichkeit zu betrachten. Jerry Speyer hingegen gehört noch zu der raren Gattung von Bauherren, die dieses Augenmaß besitzen; wer traut sich denn sonst schon, so einfach 5000 Quadratmeter Nutzfläche an der Bockenheimer Landstraße zu streichen, um dem Turm ein angemessenes Entree und der Vorfahrt Atem zu verleihen? Wer die Hartnäckigkeit von Jerry Speyer und seinem Team kennt, der weiß, dass diese Optimierungen für den Architekten keine einfachen Auseinandersetzungen sind; dass diese aber nicht notwendigerweise zu einem Verlust an architektonischer Qualität führen müssen, ist seinem Augenmaß geschuldet, hier ist es zudem auch eine glückliche Fügung für die Stadt.

Christoph Mäckler, bei dessen architektonischem Œuvre mich bislang eher die kleinen Häuser und die sensiblen Umbauten beeindruckten oder die oft skurrile Detailversessenheit überraschte, ist hier ein überzeugendes Haus, ein auch im Frankfurter Kontext verankerter Turm von subtiler städtischer Präsenz gelungen, und das ist außergewöhnlich. Au fin: Ich komme nicht umhin, dem Kollegen eine große Anerkennung für dieses Kunststück zu erweisen.

Chapeau, Christoph!

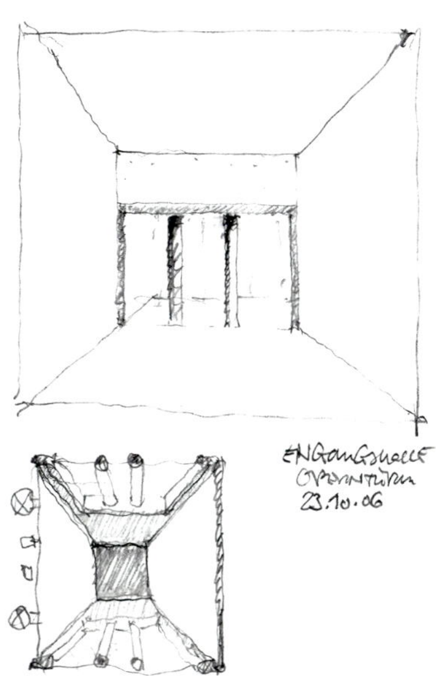

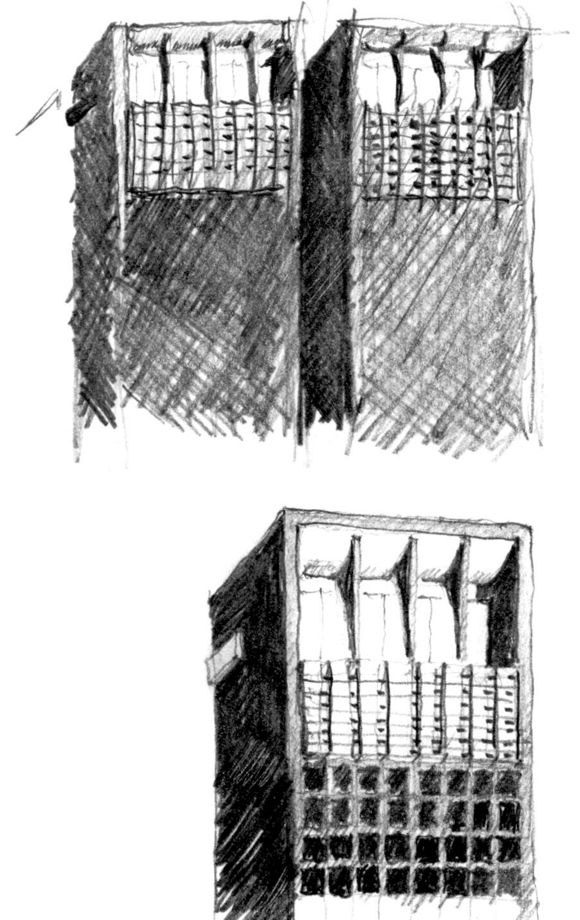

12.3.06

Platz-Ensemble in gelbem Naturstein
Ensemble of square in yellow stone

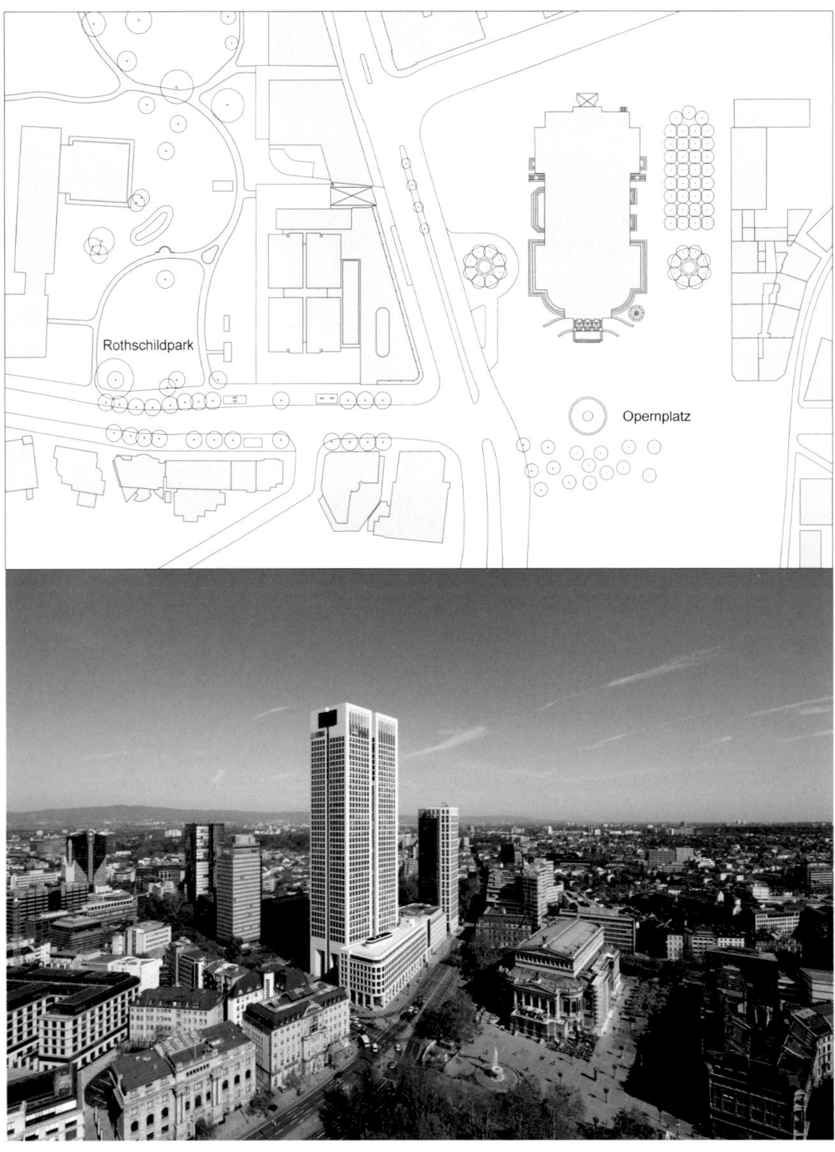

Rothschildpark
Opernplatz

Eingangshalle mit Gemälde von Julian Schnabel
Entrance hall with painting by Julian Schnabel

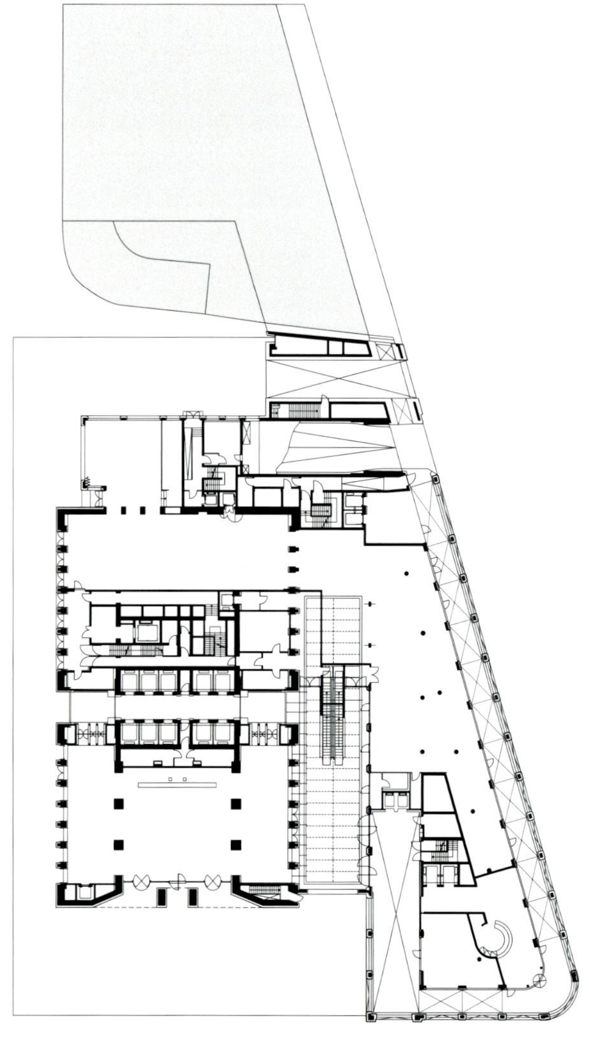

A h a b
UBS

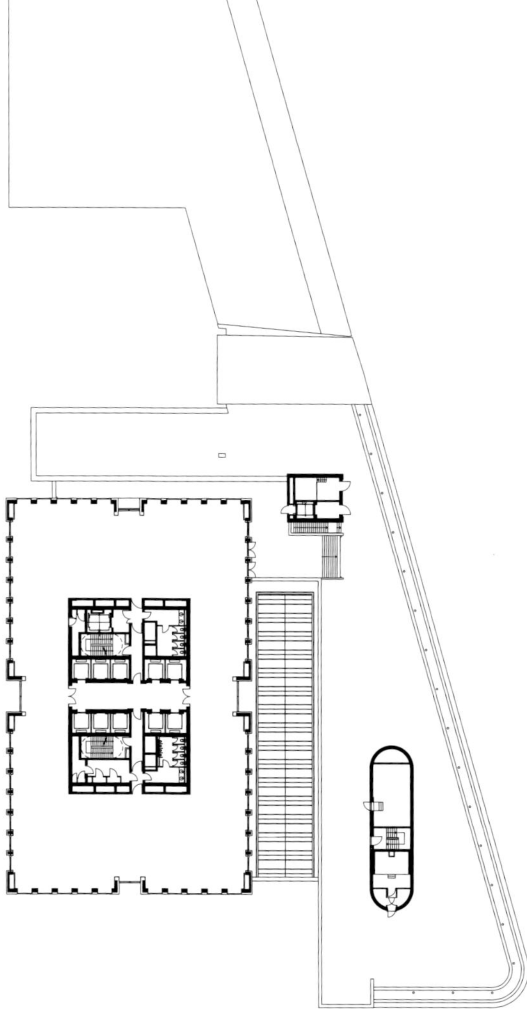

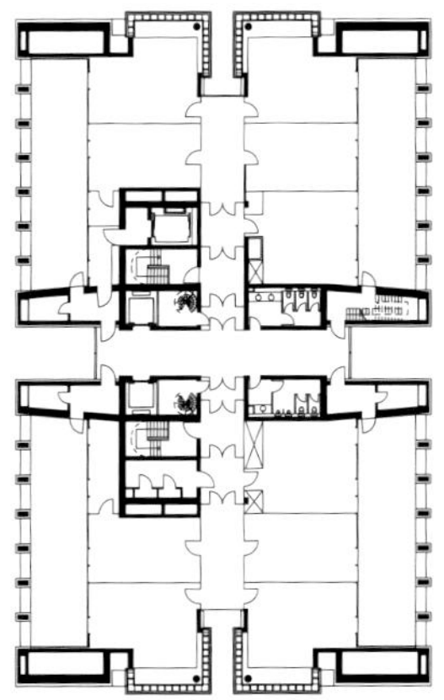

OPERNTURM KOPF
10.3.06 HAMBURG

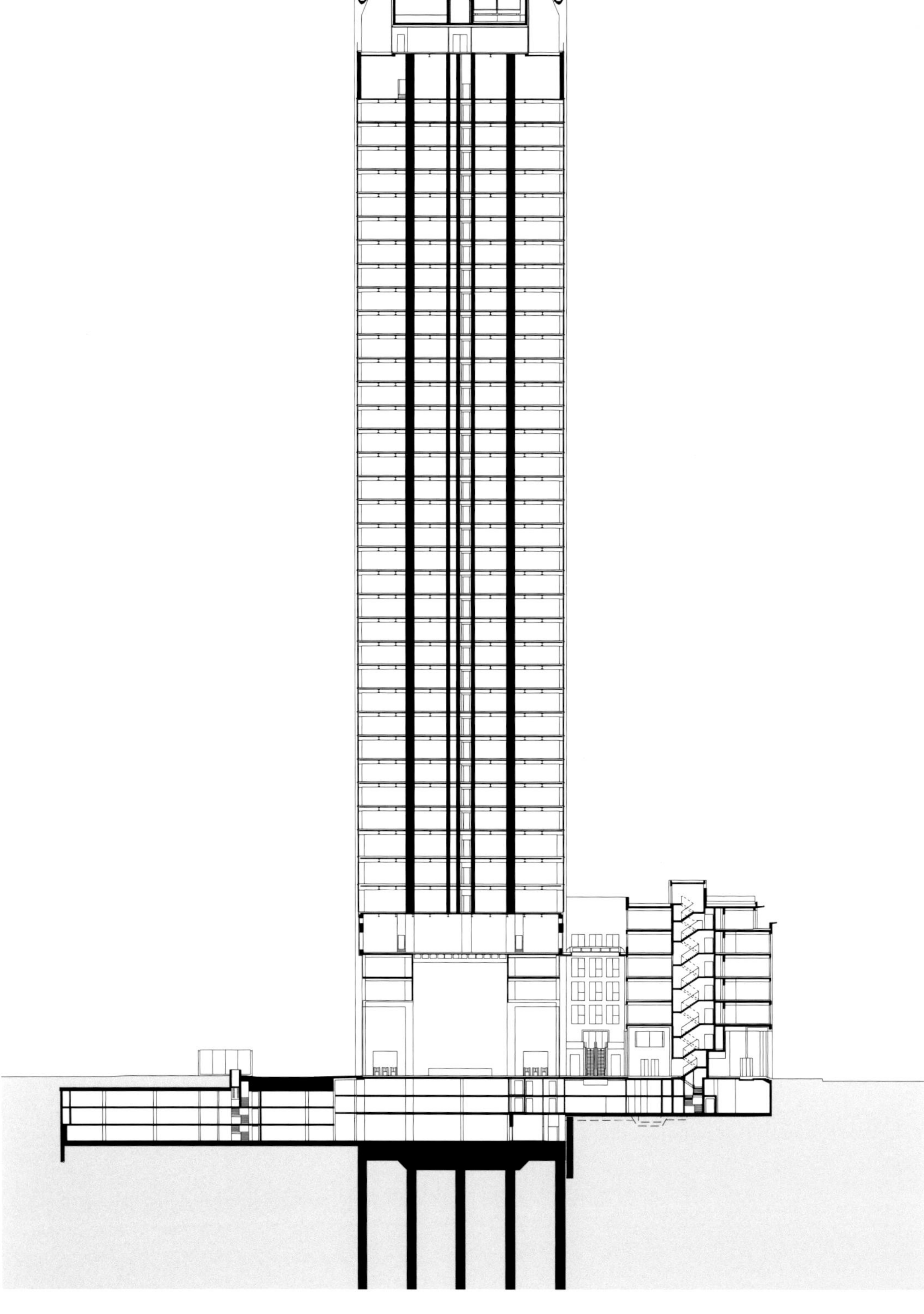

Das urbane Hochhaus

Wolfgang Sonne

Hochhäuser sind seltsame Gestalten. Wie Parasiten neigen sie dazu, das zu zerstören, was sie hervorbringt: das Städtische. Das mag befremdlich klingen, sind doch Hochhäuser keinesfalls ländlich, sondern die Frucht einer entwickelten städtischen Kultur! Und doch: Zumeist sind sie parasitär und drangsalieren das, was den Kern des Städtischen ausmacht: den öffentlichen Raum. Das will erläutert sein. In seiner recht kurzen Geschichte seit der Erfindung des Aufzugs oszilliert das Hochhaus zwischen zwei Polen, die beide das Ende des öffentlichen Stadtraums bedeuten.

Der eine Pol liegt im radikal unternehmerischen Eigennutz, in der kapitalistischen Maximalverwertung der Immobilie zu privaten Zwecken – ohne Rücksicht auf die Umgebung, die Nachbargrundstücke und den öffentlichen Raum. So ist das Hochhaus im profitorientierten Chicago des ausgehenden 19. Jahrhunderts entstanden – und es war der radikale Eigennutz des Equitable Life Insurance Building in New York (1913–15), das mit seiner das Grundstück maximal ausnutzenden Baumasse die umliegenden Grundstücke so sehr in den Schatten stellte, dass der öffentliche Gesetzgeber tätig werden musste (Abb. 1): Das New Yorker „Zoning Law" von 1916, das die Gebäudehöhen mit Rücksicht auf Nachbarn und Passanten regelte, war die Folge.

Der andere Pol liegt in der sozialistischen Bodenpolitik eines undefinierten Allgemeinbesitzes – ohne Verständnis für die komplexen Abstufungen des Öffentlichen und Privaten im städtischen Raum. Das Hochhaus im Grünen, ohne Bezug zur Straße im *floating space* einer allgemein zugänglichen Grünfläche schwimmend, war hier das Leitbild einer sich meist auch sozialreformerisch gebärdenden Moderne. Suggestiv stellte Hendricus Theodorus Wijdeveld diese Vision 1919 mit seinem Idealplan für Amsterdam vor: nur wildwüchsige Wiesenlandschaft und Wohnungen in Hochhäusern, sonst nichts, keine Stadt mehr (Abb. 2). Über die bekannteren idealen Stadtentwürfe Le Corbusiers sollte sich das Hochhaus im Grünen bis zu den ubiquitären Sozialsiedlungen der Nachkriegszeit in West und Ost verbreiten und schließlich jedem den Tod des Städtischen durch diesen Hochhaustyp vor Augen stellen.

The Urban High-Rise

Wolfgang Sonne

High-rises are strange creatures. Like parasites, they tend to destroy what has created them: the urban. This might sound strange, yet high-rises are by no means rural; they are the fruits of an advanced urban culture! And yet: they are usually parasitic and they plague that which constitutes the core of urbanity: public space. I should explain: in its quite short history since the invention of the elevator, the high-rise has oscillated between two poles, both of which imply the end of public urban space.

One pole lies in radical entrepreneurial self-interest; in capitalist maximum exploitation of property for private purposes – with no regard for the surroundings, neighboring properties or public space. The high-rise was born in profit-oriented Chicago of the late nineteenth century – and it was the radical self-interest of the Equitable Life Insurance Building in New York (1913–15) whose maximum plot-exploiting building volume eclipsed the surrounding properties to such a degree that the public legislative body had to take action (Fig. 1): the 1916 New York "Zoning Law," which regulated building heights in consideration of neighbors and passers-by resulted.

The other pole lies in the socialist land policies of undefined common property – without understanding for the complex graduations of public and private in urban space. The model of a, for the most part, socially-reformatory Modernism was the high-rise in the countryside, in *floating space*, without any relation to the street, swimming in a generally accessible green area. In 1919, Hendricus Theodorus Wijdeveld suggestively presented this vision with his ideal plan for Amsterdam: only wild prairie landscapes and high-rise apartment blocks; nothing else, no more city (Fig. 2). As a result of Le Corbusier's better-known ideal city designs, the high-rise in the countryside would spread right to the ubiquitous post-war social housing developments in East and West, ultimately confronting everyone with the death of the urban.

Both are anti-urban: the selfish inner-city giant and equally the socially-conceived tower in the countryside. Both tip the delicate balance between an urban building and its surroundings and between it and public space: one by ruthlessly dominating its neighbors and public space; the other by dissolving public space into an undefined green space, thus robbing itself of an urban environment.

Abb./Fig. 1 Ernest Graham, Equitable Life Insurance Building in New York, 1913–15

Abb./Fig. 2 Hendricus Theodorus Wijdeveld, Idealentwurf für Amsterdam, 1919

Abb./Fig. 3 Daniel Hudson Burnham and Edward Herbert Benett, Plan of Chicago, 1909

Antistädtisch sind sie beide: der egoistische Innenstadtbrummer ebenso wie der sozial gedachte Turm im Grünen. Beide lösen sie die delikate Balance eines städtischen Hauses mit seiner Umgebung und dem öffentlichen Raum auf: der eine, indem er rücksichtslos den Nachbarn und die Öffentlichkeit dominiert; der andere, indem er den öffentlichen Raum gleich ganz in einen undefinierten Grünraum auflöst und sich damit selbst der städtischen Umgebung beraubt.

Doch waren dies nicht die einzigen Möglichkeiten in der bislang 130-jährigen Geschichte des Hochhauses. Schon sehr bald nach den ersten Exzessen des privat-spekulativen Hochhausbaus machten sich Architekten Gedanken, wie dieser neue Bautyp in die städtische Bebauung integriert werden könnte, ohne sie durch Dominanz zu zerstören. Und diese Bestrebungen, urban-zivilisierte Lösungen für das Hochhaus zu finden, hielten auch an, als mit dem Turmhaus im Grünen scheinbar die radikale Allzwecklösung gefunden war. Hier soll nun von einigen solchen Bestrebungen, einen sehr großen Zuwanderer in die Gesellschaft der Stadthäuser zu integrieren und dabei auch noch schöne öffentliche Räume zu schaffen, erzählt werden.

Dies sind zunächst Geschichten von Idealbildern, die noch nicht den Weg in die Wirklichkeit der gebauten Stadt fanden. Da ist beispielsweise die Idee, das Hochhaus zur Rückeroberung der öffentlichen Sphäre einzusetzen – und diese Idee entstand paradoxerweise da, wo die Not am größten war: im privat-spekulativen Hochhausparadies Chicago. Hier schlug Daniel Burnham in seinem Plan of Chicago 1909 vor, die durch eine Maximalhöhe gebändigte Privatbebauung mit einem Rathaus-Hochhaus überragen zu lassen (Abb. 3). In der Höhendominanz war nun die Hierarchie zwischen Öffentlichem und Privatem wieder hergestellt – zudem lag das Rathaus-Hochhaus am zentralen Platz der Stadt.

In ganz anderer Weise versuchte der Zeichner des „größeren Berlin" 1913, K. Paul Andrae, den neuen amerikanischen Bautyp in die bestehende europäische Stadtbebauung einzufügen (Abb. 4). Das Hochhaus wurde zwar zur neuen privaten Stadtkrone, aber es erdrückte nicht den Passanten im öffentlichen Raum, sondern erhob sich fernwirksam diskret erst in der zweiten Reihe. Die eigentliche Straßenwand wurde durch eine Blockrandbebauung in gewohnter Höhe gebildet.

Ebenfalls straßenbildend und doch ganz anders setzte

However, these were not the only alternatives in the 130-year history of the high-rise. Shortly after the first excesses of private speculative high-rise construction, architects started to think about how this new building type could be integrated into the urban fabric without destroying it by being too dominant. And such endeavors to find civilized urban solutions for the high-rise persisted even when the tower block in the countryside seemed to have delivered the radical all-purpose answer. Some of the efforts to integrate this very large emigrant into the society of urban building, while at the same time creating beautiful public spaces, will be told here.

It starts with stories of utopian ideas that did not manage to find their way into the reality of the built city. For example, the idea of using the high-rise to reclaim the public sphere – and paradoxically that idea emerged in the area of highest need: in the private speculative high-rise paradise of Chicago. This is where in his 1909 Plan of Chicago, Daniel Burnham proposed to have a city hall high-rise loom above the private buildings, which were restricted to a maximum permitted height (Fig. 3). This restored the hierarchy between public and private as far as dominance of height was concerned – the city hall high-rise was further situated at the city's most central square.

The designer of 1913 Greater Berlin, K. Paul Andrae attempted to insert the new American building type into the existing European cityscape in a very different way (Fig. 4). Although the high-rise still constituted a new private city crown, it did not overwhelm the passer-by in public space; it instead rose discreetly in a second row. The actual street façade was formed by a perimeter block structure of normal height.

Abb./Fig. 4 K. Paul Andrae, Das größere Berlin, 1913

Auguste Perret das Hochhaus in seiner Studie von 1922 ein (Abb. 5). Eine Serie von Turmhäusern steht zwar direkt an einem großstädtischen Boulevard, aber die Bauten federn ihre potenziell bedrückende Masse durch rhythmische Einblicke in einen weiten Parkraum ab. Gleichwohl ist die Balance des Städtischen gewahrt, denn die Hochhäuser stehen in direktem Bezug zur Straße und bilden nicht zuletzt durch ihre fein gegliederten und geschmückten Fassaden einen schönen Straßenraum aus.

In das Ensemble einer Platzrandbebauung eingegliedert dachte sich Eliel Saarinen das Hochhaus 1923 bei seinem

In his 1922 study, Auguste Perret positioned his high-rise in an equally street-defining and yet very different manner (Fig. 5). A series of tower blocks is located right beside a city boulevard, however rhythmic visual openings in the buildings into a wide park space cushion their potentially crushing mass. The urban balance is preserved as the high-rises stand in direct relation to the street, their finely structured and decorated façades even generating a beautiful streetscape.

In 1923, Eliel Saarinen imagined a high-rise integrated into the ensemble of a perimeter block structure in his ideal design for a construction of Lake Front in Chicago (Fig. 6). In this case, his

Abb./Fig.5 Auguste Perret, Hochhaus-Boulevard, 1922

Abb./Fig.6 Eliel Saarinen, Lake Front in Chicago, 1922

idealen Entwurf für eine Bebauung der Lake Front in Chicago (Abb. 6). Hier bildete das Hochhaus zusammen mit traditionellen Blöcken eine Platzbegrenzung und wirkte als Turm gleich auf zwei Plätzen dominant. Der Verkehr war programmatisch tiefer gelegt, sodass der öffentliche Platzraum als wohlgestalteter Garten ganz den Fußgängern zur Verfügung stand. So sehr die Platzform von englischen *squares* und französischen *places royales* herrührt, so sehr war hier doch durch die neuen Dimensionen und den neuen Bautyp ein ganz eigener großstädtischer Stadtraum entstanden.

Aus den gezeichneten Bildern sollte bald Wirklichkeit werden. Das wohl umfassendste städtebaulich gedachte Hochhaus-Ensemble des frühen 20. Jahrhunderts bildet das Rockefeller Center in New York, dessen zentrale Bauten von 1929 bis 1933 errichtet wurden (Abb. 7a+b). Ursprünglich aus Planungen für ein neues Opernhaus hervorgegangen, ist es ein Musterbeispiel dafür, wie trotz strengster finanzieller Rahmenbedingungen mit dem Typus des Hochhauses qualitätvoller öffentlicher Stadtraum geschaffen werden konnte – ja, wie dieser selbst zu einer

high-rise formed the border of the square in conjunction with traditional blocks, dominating two squares simultaneously. Traffic was directed through a lower level, leaving the public space of the square, a beautifully designed garden, entirely at the disposal of pedestrians. Just as the shape of the space originates from the English *squares* and the French *places royales*, the new dimensions and the new building type led to the emergence of a quite unique metropolitan urban space.

These drawn images were soon to become reality. The Rockefeller Center in New York must constitute the most comprehensively urbanely conceived high-rise ensemble of the early twentieth century; its central structures were erected between 1929 and 1933 (Fig. 7a+b). Originally developed from the plans for a new opera house, it is a model example of how qualitative public urban space could be created with the high-rise typology, despite the strictest financial parameters – and even of how this in itself could become an economically motivated strategy. The one thing that was missing in the uniform grid of Manhattan was

Abb./Fig.7a Associated Architects, Rockefeller Center in New York, 1929–33

Abb./Fig. 7b Associated Architects, Rockefeller Center in New York, 1929–33

ökonomisch motivierten Strategie werden konnte. Denn was damals im gleichförmigen Raster von Manhattan fehlte, war ein für Fußgänger attraktiver städtischer Platz. Um sein neues *development* auch in Zeiten der Wirtschaftkrise für potenzielle Kunden attraktiv zu machen, ließ John D. Rockefeller auf privatem Grund gerade das anlegen, was die Umgebung nicht bot: öffentliche Räume. So entstanden unter der Leitung der Associated Architects zu Füßen des stadtraumbildenden RCA Buildings von Raymond Hood eine Esplanade, die die Fußgänger von der Fifth Avenue ins Herz der Anlage zog, und eine Sunken Plaza, die nicht allein einen vom Lärm der Stadt abgeschirmten *locus conclusus* schuf, sondern auch die Schaufensterfläche am Platz verdoppelte.

So geschickt, wie die öffentlichen Räume angeordnet waren, so geschickt artikulierte auch die sie bildende Bebauung den neuen städtischen Raum: Zur Fifth Avenue vermittelten städtische Blöcke in gewöhnlicher Stadthöhe und rahmten die neue Fußgänger-Esplanade im menschlichen Maßstab. In die Tiefe des Raumes staffelte sich das zentrale Hochhaus des RCA Buildings auf – in seinem atemberaubenden Kontrast noch gesteigert durch die vorgelagerte vertiefte Sunken Plaza. Zur Wirkung der Plätze und Straßen trug ebenfalls die gute Architektur bei. Die wunderbare Steinverkleidung der Bauten begründete Hood lapidar mit der Haltbarkeit und dauerhaften Schönheit des Materials, das somit langfristig am kostengünstigsten sei. Virtuos wurden beim Rockefeller Center die Mittel der Stadtraumbildung angewandt, um ein das Publikum anziehendes Hochhaus-Ensemble inmitten der Stadt zu schaffen – und sein andauernder Erfolg gibt der Strategie nach wie vor Recht.

an attractive urban square for pedestrians. In order to make his development attractive to potential clients, even in times of financial crisis, John D. Rockefeller had the very thing installed on his private land that the area did not offer: public spaces. Thus was created an esplanade under the supervision of Associated Architects at the foot of the urban space-defining RCA Buildings by Raymond Hood, which drew pedestrians from Fifth Avenue into the heart of the complex to a sunken plaza; apart from creating a *locus conclusus* protected from the noise of the city, it also doubled the amount of window shop fronts on the square.

Just as the public spaces were arranged skillfully, the buildings that formed them also skillfully articulated the new urban space: urban blocks in normal city height mediated towards Fifth Avenue, framing the new pedestrian esplanade in human scale. The central high-rise of the RCA Building rose in tiers through the depth of the space – enhanced in its breath-taking contrast by the deep sunken plaza in front of it. Its quality architecture also contributed to the impact of the squares and streets. Hood succinctly justified the building's wonderful stone clad façade with durability and lasting beauty, claiming it to be the most cost-effective material in the long-term. The rules of urban spatial formation were masterfully applied to the Rockefeller Center, creating a high-rise ensemble that would become a public magnet at the city center; its lasting success continues to prove its value.

An urban ensemble of high-rises that is in no way less impressive than the Rockefeller Center was developed under completely different circumstances in Villeurbanne near Lyon between 1930 and 1934 (Fig. 8). The *Gratte-ciel* were located on the periphery rather than at the city center. And they were erected by a workers rights-oriented municipality and not by a profit-oriented company. Nevertheless, a new exciting formation of urban space using high-rises was also chosen; less to attract

Abb./Fig. 8 Môrice Leroux, Les Gratte-ciel in Villeurbanne, 1930–34

Unter völlig anderen Bedingungen entstand von 1930 bis 1934 in Villeurbanne bei Lyon ein städtisches Hochhaus-Ensemble, das dem Rockefeller Center in seiner Eindrücklichkeit kaum nachsteht (Abb. 8). Die *Gratte-ciel* lagen nicht im Herzen, sondern an der Peripherie der Stadt. Und sie wurden nicht von einem profitorientierten Unternehmer errichtet, sondern von einer auf das Arbeiterwohl ausgerichteten Kommune. Nichtsdestotrotz, auch hier wurde die neue, aufregende Formierung des öffentlichen Stadtraums durch Hochhäuser gewählt, weniger um Kunden anzulocken, sondern vielmehr, um einem proletarischen Vorort eine eigene Identität zu verleihen. Drei Typen von Hochbauten wurden hier von Môrice Leroux eingesetzt, um den Stadtraum zu formen. Da sind die hohen, sich nach oben abstufenden Randbauten an der zentralen Achse, die klar und eindeutig einen Straßenraum definieren. Da sind die Hochhäuser, die als Turmpaar das *entrée* der Achse bilden, und da ist der klassische Turm als Bauteil des Rathauses, der als *point de vue* die Achse abschließt und auf der anderen Seite den Platz nobilitiert. Auch hier sind die Hochbauten nicht allein durch städtebauliche Mittel stadtverträglich gemacht, sondern bilden ihrerseits eine neue Qualität des öffentlichen Raumes aus.

Ganz von ihren städtebaulichen Wirkungen her waren die acht Hochhäuser konzipiert, die Stalin ab 1949 in Moskau errichten ließ. Zum einen sollte die Silhouette der Welthauptstadt des Sozialismus neu akzentuiert werden – dazu wurden die Hochhäuser ringförmig um den Palast der Sowjets gruppiert. Zum anderen, und das ist in unserem Kontext interessanter, war jedes der neuen Hochhäuser im Zusammenhang mit dem öffentlichen Raum entworfen, den es erst eigentlich schuf. Nicht selten wurde dabei der Platz durch eine Kombination von Blockrandbebauung und Hochhaus gebildet, wie etwa beim Wohnhochhaus am Platz des Aufstands von Michail Psochin und Asot Mindojantsch (Abb. 9).

Die städtebauliche Domestizierung des Hochhauses ist dabei keine Frage des architektonischen Stils. Nahezu zeitgleich mit dem Historismus der Moskauer Hochhäuser zeigte Ludwig Mies van der Rohe in New York, wie ähnliches im Gewand des International Style erreicht werden konnte. Sein Seagram Building (1954–58) will zwar ein immer und überall gültiges Architekturmanifest sein – es schreibt sich gleichwohl präzise in den spezifischen städtischen Kontext ein (Abb. 10). Erst die auf privatem Grund vorgelagerte Plaza gibt dem Bau die gewünschte Auftrittsfläche – und schafft gleichzeitig einen eigenständigen öffentlichen Raum. Und entgegen dem Eindruck, es handele sich bei dem Bau um einen autonomen Solitär, ist das Seagram Building durch niedrigere rückwärtige Bauteile eng mit der bestehenden Stadt verknüpft: Die aufrechte Schachtel ist nur die halbe Wahrheit.

All diese historischen Erfahrungen, wie der prekäre Bautypus des Hochhauses doch stadtraumbildend werden kann, sind in Christoph Mäcklers Ensemble des OpernTurms virtuos genutzt. Zum Opernplatz vermittelt eine Blockrandbebauung, die durch gleiche Höhe und gleiches Material die umgebende Platzrandbebauung aufnimmt und vervollständigt. Gleichzeitig bildet diese Blockrandbebauung eine Straßenwand, der sie mit Arkaden eine fußgängerfreundliche Urbanität verleiht. Das Hochhaus selbst – zum Opern-

customers than to give a working-class suburb its own identity. Môrice Leroux designed three types of high-rises to shape the urban space: high tiered perimeter buildings along a central axis that clearly and unambiguously define the street space, a pair of high-rises that form the *entrée* to that axis and the classical tower, a part of the city hall, which concludes the axis as a *point de vue* and which nobly rests on the other side of the square. In this case, not only the tricks of urban planning have made these high-rises compatible with the city; in themselves they create a new quality of urban space.

The eight high-rises that Stalin had built in Moscow from 1949 onwards were entirely conceived from the point of view of their impact on the cityscape. On the one hand, the silhouette of the world capital of socialism was to be accentuated in a new way – to achieve that, the high-rises were grouped in a circle around the Palace of the Soviets. On the other hand, which is more relevant in this context, each of the new high-rises was designed in conjunction with the public space that it had created. It was not uncommon for a square to be formed by a combination of perimeter building and high-rise, for example in the case of the residential high-rise at Uprising Square by Michail Psochin and Asot Mindojantsch (Fig. 9).

However, the urban domestication of the high-rise is not a question of architectural style. Almost simultaneously to the historicism of the Moscow high-rises, Ludwig Mies van der Rohe demonstrated in New York how a similar effect could be achieved with the robes of the International Style. His Seagram Building (1954–58) strives to embody an always and everywhere valid architectural manifesto – but it also inscribes itself precisely into the specific urban context (Fig. 10). The plaza situated on private property in front gives the building the desired entrance area – while at the same time creating an independent public space. And contrary to the impression that this is an autonomous solitary element, the Seagram Building is closely linked with the existing city by lower rearward building volumes: the upright box is only half of the story.

All of these historical experiences of how the precarious high-rise building type could after all shape urban space, have been masterfully applied to Christoph Mäckler's OpernTurm ensemble. A perimeter structure mediates to the Opernplatz, referencing the surrounding perimeter buildings of the square in height and materiality. At the same time, this perimeter structure forms a street front, its arcades giving it a pedestrian-friendly urbanity. The high-rise itself – only perceivable from the second row towards the Opernplatz – stands with its own entrance in Bockenheimer Landstrasse; indeed, not abruptly – its own forecourt

Abb./Fig. 9 Michail Psochin und Asot Mindojantsch, Wohnhochhaus am Platz des Aufstands in Moskau, 1949–51

platz hin nur aus der zweiten Reihe wirksam – steht mit eigenem Eingang an der Bockenheimer Landstraße. Freilich nicht unvermittelt, sondern von der Straße durch einen eigenen Vorplatz abgesetzt, der erst einen angemessen monumentalen Auftritt erlaubt; und mit der Blockrandbebauung durch eine erschließende Galerie verbunden, die ihrerseits als eigener Bauteil ablesbar ist. Eine dritte öffentliche Seite wendet sich schließlich zum Rothschildpark, die durch den Entwurf wieder bis an die Bockenheimer Landstraße herangeführt ist. Der OpernTurm ist damit zugleich Hochhaus am Platz, an der Straße und am Park.

Und so feinfühlig, wie das Ensemble auf Augenhöhe in den Stadtraum eingebunden ist, so überzeugend ist auch die Fernwirkung des Turmes: Endlich einmal ein Hochhaus, bei dem der architektonische Eindruck nicht durch technischen Firlefanz wie spillerige Antennen, klapprige Wartungskräne oder dürre Kragelemente verunklärt wird. Mäcklers OpernTurm ist ein Kubus, auch und gerade am oberen Ende. Erreicht hat das der Architekt unter anderem dadurch, dass das oberste Geschoss einmal nicht der Technik, sondern dem Menschen vorbehalten ist. Mit all dem zeigt der OpernTurm, dass Hochhäuser heute keine Stadtzerstörer sein müssen, ja, dass sie vielmehr, wenn sie gut gemacht sind, sogar guten, neuen öffentlichen Stadtraum schaffen können. Doch dafür braucht es mehr als die heute üblichen Genieblitze der originellen Formgebung oder die Vollstreckung technologischer Mythologie. Dafür braucht es die hier geleistete *recherche patiente*, die das, was Stadt ausmacht, ebenso ernst nimmt, wie sie die historischen Erfahrungen mit einer bestimmten Bauaufgabe gewinnbringend für den eigenen Entwurf anwendet.

sets it off from the street, giving it an appropriately monumental entrance. It is joined to the perimeter buildings by a connecting gallery, which is itself legible as an individual building volume. A third public side is oriented towards Rothschildpark, which has been extended back to Bockenheimer Landstrasse as a result of the design. The OpernTurm is therefore simultaneously a high-rise on the square, the street, and the park.

The impact of the tower from afar is just as convincing as the sensitivity with which this ensemble has been integrated into the cityscape at eye level. Finally, a high-rise whose architectural effect is not disarranged by technical knick knacks or spindly antennas, by rickety maintenance cranes or scrawny jutting out elements. Mäckler's OpernTurm is a cube, right to and particularly at the top. The architect achieved this by dedicating the upper floor to human beings rather than technology. All in all, the OpernTurm proves that high-rises no longer have to be city destroyers; on the contrary, if well done, they can even create new quality urban space. However, this requires more than the commonly accepted flash of genius of original design or the execution of technological mythology. It requires *recherche patiente* as was achieved here; taking the essence of what makes a city just as seriously as optimally applying historical experience of a specific building task to one's own design.

Abb. / Fig. 10 Ludwig Mies van der Rohe, Seagram Building in New York, 1954–58

Haupteingang und Übergang Sockel zum Turm
Main entrance and transition from plinth to tower

Das Angreifen lehrt das Begreifen

Christoph Mäckler

Die Bilder der Ölkatastrophe im Golf von Mexiko, die der Fotograf J. Henry Fair in den Juniwochen 2010 der Öffentlichkeit vorstellte, sind von überwältigender Schönheit. Sie widersprechen aber der Realität. Auch in der Architektur kann das Foto dem Bauwerk widersprechen. Das Bild ist nicht Abbild, sondern Kunstwerk eines Fotografen, der sein Objekt mit scharfem Blick in den Bildrahmen gesetzt hat. Sein Auge sieht den Turm mit einem Abstraktionsgrad, der das Bauwerk scheinbar zum Kunstwerk macht. Aber nicht das Bauwerk, sondern das Foto ist das Kunstwerk, so wie die Fotografie von David Hamilton den namenlosen Körper einer Frau zu scheinbarer Schönheit stilisiert. Es ist aber nicht der Körper, der schön ist, das Foto ist schön. Das Auge des Fotografen abstrahiert die Form des Körpers und verleiht ihm damit eine eigene Ästhetik, die uns fasziniert. Die Schönheit der Fotografie ist nicht gleichbedeutend mit der Schönheit des Bauwerks. Die Bilder haben ihr eigenes Leben, das mit dem Leben auf der Straße nichts gemein hat.

Die Bilder der Straße bewegen sich, sie wechseln ständig und unser Auge bewegt sich, fixiert einen Ort, um gleich wieder im Raum abgelenkt zu werden, und wir bewegen uns selbst und erfahren damit den Ort aus verschiedenen Blickrichtungen in verschiedenen Perspektiven.

Die Fassade ist nicht schwarz-weiß, sie hat eine Farbe, die mit jedem Licht wechselt, vom Auge als trist oder lebendig empfunden wird. Auch wenn uns diese Empfindung meist unbewusst ist, sie ist spürbar und weckt die Sinne. Bei jedem Italienbesuch erleben wir dies. Ein Straßenraum gefällt uns dort selbst dann noch, wenn die rotgelben Putzfassaden verwittert und der Putz an einigen Stellen heruntergefallen ist.

Der Kontrast in der Fassade, dieses Licht- und Schattenspiel ist es, dass ihr erst Tiefe verleiht, dem Auge Halt gibt, ihm das Gefühl von Materialität, Haptik und Festigkeit vermittelt. Dieser Kontrast ist nicht statisch wie in der Fotografie. Man kann ihn nicht ausrichten. Er ändert sich von Stunde zu Stunde mit dem Sonnenlicht, gibt der Fassade Brillanz, Charakter und Proportion oder lässt sie in

To Grab Is to Grasp

Christoph Mäckler

The pictures that photographer J. Henry Fair publicized in June 2010 of the oil catastrophe in the Gulf of Mexico are overwhelmingly beautiful. Yet, they contradict reality. In architecture, a photo can also contradict a building. A photo is not a reproduction of reality; it is the photographer's work of art, his sharp eye has set the object into its frame. His eye sees the tower with a degree of abstraction that seems to make the building a work of art. However, its is the photo that is the work of art rather than the building just as the photography of David Hamilton makes the anonymous body of a woman into apparent beauty. Yet it is not the body that is beautiful; the photograph is beautiful. The eye of the photographer abstracts the shape of the body, thus giving it its own aesthetic that fascinates us. The beauty of the photograph is not equivalent to the beauty of the building. Photos have their own life; it has nothing to do with life on the streets.

Images of the streets are in motion; they change constantly. Our eye moves, focuses on a place only to be distracted in space again. We move ourselves and experience a place from different directions in different perspectives.

Façades are not black and white. They have colors that change with every light and are perceived by the eye to be sad or lively. And even if this perception is usually subconscious, it is noticeable, it awakens the senses. A streetscape even pleases us when a yellow-red plaster façade is weathered and the plaster has crumbled away in places.

It is the contrast in a façade, the play of light and shadow, that gives it depth, that gives the eye something to hold onto, that gives it the feeling of materiality, that communicates haptics and stability. This contrast is not static as in photography. It cannot be aligned. It changes from hour to hour with the sunlight, gives a façade brilliance, character and proportion or makes it dissolve into a uniform mass. Every edge in the surface of a façade, no matter how fine, can change its proportions. A photographer is familiar with this play of light and shadow. He works with it in sun and artificial light. The idea of proportion was lost to architecture in the orthogonal modernism of the cross-joint façade and in the wild willful shapes of late Modernism.

Materiality, which is in contrast still perceivable, can communi-

einheitlicher Masse vergehen. Jede noch so feine Kante in der Oberfläche eines Fassadenbildes vermag die Proportion der Fassade zu verändern. Dem Fotograf ist dieses Licht- und Schattenspiel geläufig. Er arbeitet mit ihm im Sonnen- oder Kunstlicht. Der Architektur ist die Idee der Proportionierung in der gerasterten Moderne der Kreuzfugenfassade und im wilden Formwillen der Spätmoderne verloren gegangen.

Die im Kontrast erfahrbare Materialität kann uns Qualität und Schönheit vermitteln. Le Corbusier spricht von der Betrachtung der Fassade als einer Liebkosung der Oberfläche mit dem Auge. Manchmal reicht uns diese Liebkosung nicht aus und wir bestätigen uns das Gesehene, indem wir es mit der Hand ertasten, uns die Schärfe einer Kante, die kratzige Härte eines mit dem Stockhammer bearbeiteten Steinsockels, die Geschmeidigkeit einer polierten Steinoberfläche oder die elegant geformten Kurven eines in Marmor gehauenen Körpers mit dem Tastsinn zu verdeutlichen suchen. Handwerkliche Kunst am Bauwerk wird dort erfahrbar, wo uns das Ertasten mit dem Auge nicht mehr ausreicht, dort wo es uns reizt, das Material zu betasten, es auf seinen Wahrheitsgehalt zu überprüfen. Geläufig ist uns dies beim Automobil.

Im Fernblick gibt die Form der Karosserie, das Design der äußeren Erscheinung, dem Auge ein erstes Signal, sich mit dem Produkt zu befassen. Und auch hier ist es die Fotografie, die das Objekt zunächst im richtigen Licht aus der richtigen Perspektive darstellt und es in der Verkaufsbroschüre scheinbar wie beim Bauwerk zum Kunstwerk werden lässt.

Dem Fernblick folgt die erste Kontrolle durch das Herantreten an das Automobil, die Überprüfung der Detailqualität

cate quality and beauty to us. Le Corbusier speaks of observing a façade as fondling its surface with the eye. Sometimes this fondling is not enough and we need to confirm what we are seeing by touching it with a hand; we try to clarify with our sense of touch the sharpness of a corner, the scratchy hardness of a stone plinth that has been worked with a bush hammer, the suppleness of a polished stone surface or the elegantly shaped curves of a body carved in marble. Craftsmanship in building becomes graspable when exploration with the eye is not enough, when we are provoked to touch the material, to test its validity. We do the same with cars.

From a distance, the shape of the bodywork, the external design, gives the eye a first signal to engage itself with a product. And at this point it is photography that portrays the object in the right light from the right perspective, making it appear to be a work of art in the brochure as in the case of the building.

A glance from the distance is followed by the first examination – a step towards the car, inspection of the quality of detail with questions as to how the headlights, the windows, the door handles have been cut into the bodywork and whether the joints of the sheets still display the same elegance up close as they did from afar. If an object has not been worked finely, the elegance that was perceived by the eye from far away will be bitterly disappointed on closer examination of its details.

And only the lightness of the chosen colors can minimize weaknesses. A dark blue or black makes the shadows of a wrongly-positioned joint disappear into the darkness. However, a white car calls for smooth joints that do not permit its paneled garment to dissolve into individual parts.

So, in the reality of an object, distant and close appeal to different qualities: the beauty of the whole must be confirmed up close by the details. The same can be said for inside and

mit der Frage, wie die Scheinwerfer, die Fenster und die Türgriffe in die Karosserie eingeschnitten sind und ob das Fugenbild der Bleche der wahrgenommenen Eleganz aus der Ferne auch in der Nähe noch entspricht. Ist das Objekt nicht ordentlich gearbeitet, wird die vom Auge aus der Ferne wahrgenommene Eleganz im Herantreten beim Anblick der Details oft bitter enttäuscht.

Und nur die Helligkeit der gewählten Farbe kann die Schwächen noch mindern. Ein Dunkelblau oder Schwarz lässt die Schatten der falsch gesetzten Fuge im Dunkel versinken. Ein weißes Automobil aber verlangt nach einem konsequenten Fugenbild, das das Blechkleid für das Auge nicht in Einzelteile zerfallen lässt.

In der Realität, am Objekt, sprechen Nah- und Fernwirkung also unterschiedliche Qualitäten an: Die Schönheit der Gesamtform muss sich in der Nähe des Details bestätigen. Das Gleiche gilt für das Innen und Außen. Ein Blick durch das Seitenfenster auf das Armaturenbrett gibt Auskunft, ob die Qualität auch im Fahrgastraum dem Designanspruch der Karosserie entspricht. Zunächst ist es die formale Ausgestaltung, die Anordnung und Größe der Instrumente, dann aber auch ihre Materialität, die dem prüfenden Auge gefallen muss. Holz, schwarzer Kunststoff, Aluminium, Chrom, Leder in unterschiedlichen Farben, jedes Material für sich und in Kombination ruft in uns die verschiedensten Gefühle hervor.

Aber erst der Kontakt, das Angreifen des Türöffners, des Lenkrades oder des Schalters am Armaturenbrett gibt uns das Gefühl für Qualität. So ist es beim Bauwerk. Das Angreifen lehrt das Begreifen.

outside. A glance through the side window to the dashboard reveals whether the quality inside corresponds to the design standards of the bodywork. Initially the formal arrangement, positioning and size of the instruments and then their materiality must please the scrutinizing eye. Wood, black plastic, aluminum, chrome, different colored leather; each material in itself and in combination awakens the most diverse feelings in us.

However it is the contact, the touch of the door handle, the steering wheel or the switches of the dashboard that give us a feeling for quality. The same can be said of a building. Only by grabbing something do we really grasp it.

Wie aus einem Stein
Dankwart Guratzsch

Wenn es um Frankfurt am Main geht, ist der amerikanische Immobilienunternehmer Jerry Speyer mit Herzblut dabei. Der Chef der weltweit tätigen amerikanischen Firma Tishman Speyer führt seinen Stammbaum auf Vorfahren in der Mainmetropole zurück. Und längst ist auch er in Frankfurt präsent. Hier hat er mit dem 257 Meter hohen, mit rotem Stein verkleideten Messeturm 1991 das höchste Gebäude Europas errichtet und mit der in einer Pyramide auslaufenden Architektur einen einprägsamen ästhetischen Akzent gesetzt.

An diese Vorgeschichte ist zu erinnern, wenn das zweite Hochhausprojekt des Amerikaners in Frankfurt zu würdigen ist. Wieder handelt es sich um einen „steinernen" Turm. Wieder geht es um herausragende Architektur. Und wieder hat sich Speyer jedes Detail der Gestaltung zeigen lassen, um selbst an den Entscheidungen mitzuwirken. Wenn so oft und mit Recht beklagt wird, dass in Deutschland der Bauherr alten Typs, der noch sehr genaue Vorstellungen von guter Architektur hatte, kaum noch anzutreffen ist, so verkörpert Speyer diesen Typus offensichtlich in klassischer Form. „Wir haben Modelle vom Hochhauskopf und von der Sockelbebauung angefertigt und sind mit ihnen, ich weiß nicht wie oft, zwischen Frankfurt und New York hin- und hergeflogen. Speyer ging es nie nur um den Baufortschritt, sondern immer um Qualität und Aussagekraft auch noch des kleinsten Details. Wenn ihm etwas nicht gefiel, musste es neu gemacht werden oder er verzichtete ganz darauf. Einmal hat er mit einem Federstrich 5000 Quadratmeter Nutzfläche gestrichen."

Der das sagt, hat Erfahrung genug, um das Besondere dieses Verhältnisses zwischen Bauherr und Baugestalter einschätzen zu können. Christoph Mäckler, selbst Frankfurter und Sohn des in der Nachkriegszeit zu Bedeutung gelangten Frankfurter Architekten Hermann Mäckler. In seiner Heimatstadt hat der 58-Jährige mit dem Wiederaufbau der kriegszerstörten Stadtbibliothek und dem Neuen Portikus auf der Maininsel Zeichen gesetzt, in Berlin das Geschäftshaus Lindencorso, in Leipzig die Fassaden des Häuserblocks der Marktgalerie gegenüber dem Alten Rathaus errichtet. Als Nachfolger des Architekten Josef Paul Kleihues auf dem Lehrstuhl für Entwerfen und Städtebau der Technischen Universität Dortmund hat er mit der Gründung des Deutschen Instituts für Stadtbaukunst dem Thema Gestaltungsqualität erstmals nach Jahrzehnten in Deutschland wieder eine „Adresse" gegeben. Er ist unmaniert und bescheiden genug, es sich selbst nicht einzugestehen: Aber wenn man eine solche Wertung schon bei Lebzeiten eines Architekten wagen darf, so zählt Mäckler heute zu den wenigen, die man als prägend für eine Wende im Selbstverständnis der Nachkriegsarchitekten bezeichnen darf. Elemente dieser Architekturauffassung sind die Bindung des Einzelbauwerks an den städtebaulichen Kontext, der verantwortungsvolle Umgang mit dem Genius Loci, eine reservierte Haltung zu Architekturmoden, stilistische Konvergenz, handwerkliche Genauigkeit, Ergänzung der Palette aktueller Bautechnologien und -materialien aus dem Fundus traditioneller Verfahren und Werkstoffe. In der

As if from a Single Stone
Dankwart Guratzsch

If Frankfurt am Main is involved, the American real estate businessman Jerry Speyer is in it with heart and soul. Head of globally operative American company Tishman Speyer, he traces his family tree back to ancestors in the Main metropolis. And his presence has long been felt in Frankfurt. This is where he erected the highest building in Europe in 1991; the 257-meter-high Messeturm skyscraper. Clad in red stone, its architecture, which ultimately tapers into a pyramid, has set a conspicuous aesthetic accent.

This prehistory is essential if one is to appreciate the American's second skyscraper project in Frankfurt. It again involves a "stony" high-rise, it again revolves around excellent architecture. And Speyer again inspected each design detail to personally have his say in the decision-making process. While one often hears complaints – regularly and justifiably – that old-school clients, with very precise notions of good architecture, are few and far between in Germany, Speyer obviously classically embodies precisely that. "We made models of the tower head and of the plinth structure and flew back and forth between Frankfurt and New York endless times with them. Speyer was never only concerned with moving the construction process forward; on the contrary, the quality and expressiveness of even the smallest details were always of priority to him. Anything he didn't like had to be redone or he got rid of it completely. He once eliminated 5,000 square meters with the stroke of a pen."

These words were spoken by someone who has enough experience to be able to appreciate the unusualness of this relationship between client and architect. Christoph Mäckler, a Frankfurt man himself and son of the Frankfurt architect Hermann Mäckler, who rose to prominence in the post-war years. The fifty-eight year old has made a statement in his hometown with the reconstruction of the municipal library, which was destroyed in the war, and with the new portico on the Main Island. In Berlin, he designed the Lindencorso commercial building and in Leipzig the façades of the Market Gallery housing block opposite the old City Hall. As successor to the architect Josef Paul Kleihues at the chair of Design and Urban Planning at the Technical University of Dortmund, he once again provided a "home" for the realm of design quality in Germany for the first time in decades by founding the German Institut für Stadtbaukunst. He is humble and modest enough not to admit this to himself; however, if one is to be so bold during an architect's lifetime, Mäckler must be considered one of the few who have driven a turnabout in the self-perception of post-war German architects. Elements of this approach to architecture include, the integration of individual building volumes into the urban context, a responsible handling of the genius loci, a reserved attitude to architectural fashions, stylistic convergence, technical precision, supplementation of the palette of current building technologies and materials with a store of traditional methods and materials. The fundamental novelty of this lies in overcoming the Modernist expectation of lack of preconception, thus honoring an often only partially adopted idea of Schinkel's, "to act historically is that which effects the new and through which history is carried forward."

Mäckler calls the commission for a new skyscraper in Frankfurt and his encounter with the client Speyer "lucky for me." Admit-

Überwindung der Forderung nach Voraussetzungslosigkeit des modernen Ansatzes liegt die fundamentale Neuheit dieses Konzeptes, mit der eine oft unvollständig rezipierte Vorstellung Schinkels eingelöst wird: „Historisch handeln ist das, welches das Neue herbeiführt und wodurch die Geschichte fortgesetzt wird."

Den Auftrag für ein neues Hochhaus in Frankfurt und die Begegnung mit dem Bauherrn Speyer nennt Mäckler unumwunden „ein Glück für mich". Zuerst freilich war es eine Gratwanderung; denn das Grundstück für den neuen OpernTurm war mit einem der ältesten Hochhäuser Frankfurts, dem in die Denkmalliste eingetragenen 68 Meter hohen Zürichhaus der Architekten Udo von Schauroth und Werner Stücheli, äußerst prominent besetzt. Zudem liegt es vis-à-vis der Alten Oper, deren Rekonstruktion nach jahrzehntelangen Kämpfen von den Frankfurtern ertrotzt worden war. Dem Architekten war das Kunststück aufgegeben, zwischen all diesen emotional besetzten Positionen und dem ehrgeizigen Bauherrn zu vermitteln.

Das scheint ihm auf frappante Weise gelungen zu sein. Denn schon vor der Fertigstellung des Hauses war in Frankfurt – ungewöhnlich für ein Projekt solcher Größenordnung – alle Kritik an dem 170 Meter hohen Neubau verstummt. Die Gründe dafür wird man in zwei Kunstgriffen zu sehen haben, die den Turm stillschweigend aus der Schusslinie gerückt haben: der städtebaulichen Einfügung und der Fassadengestaltung. „Das Wichtigste war mir das städtebauliche Konzept", sagt Mäckler und weist darauf hin, dass hier „der bedeutendste Stadtplatz des 19. Jahrhunderts in Frankfurt" endlich wieder gefasst worden sei. Gerade dies hatte das alte Hochhaus nicht geleistet. Mäckler schafft es mit einer Blockrandbebauung, die die Traufhöhen der Umgebungsbebauung und der Oper aufnimmt. Erst dahinter lässt er den 170-Meter-Turm aufragen – ein Konzept, das so etwas wie eine „deutsche Erfindung" im Hochhausbau ist. In Frankfurt lässt sich jetzt bewundern, wie hervorragend eine solche Lösung dem Typus der europäischen Stadt entgegenkommt.

Der zweite Kunstgriff liegt in der Wahl des Fassadenmaterials. Mäckler verweigerte sich bewusst dem Glasfetischismus der Hochhauskonstrukteure und wählte einen portugiesischen Kalkstein in edel hellgelb-beiger Tönung, der mit der Opernfassade und der Platzrandbebauung korrespondiert. Der Effekt ist, wie der Architekt nicht ohne Selbstgefälligkeit bemerkt, verblüffend: Die ursprüngliche Einheit des Platzes, die in der Nachkriegszeit verloren gegangen war, ist wiederhergestellt. War die Platzanlage zuvor im Sinne der Ideologie von den fließenden Räumen nach allen Seiten aufgerissen, so hat sie nun wieder eine Fassung erhalten. Dass dies in derselben hellen Steinfarbigkeit und noblen Stilhaltung geschieht, die auch die Nachbargebäude charakterisiert, lässt einen ästhetischen Gleichklang entstehen, in dem sich die Altbauten und die Neubauten zu einem Ensemble verbinden.

Ganz wesentlichen Anteil hat daran die hoch verfeinerte Umgangsweise mit dem Stein, die fast fugenlos erscheinende Wände hervorbringt. Die maßlich genau aufeinander abgestimmte Fügung der 60 bis 120 Millimeter starken Platten, von denen jede mit vier Edelstahlankern befestigt ist, die Kanneluren und scharf herausgearbeiteten Gesimse, die über die gesamte Fassade geführten vertikalen Lise-

tedly it was initially a balancing act. The site for the OpernTurm had been highly prominently occupied by one of Frankfurt's oldest skyscrapers, the listed sixty-eight-meter-high Zürich Tower by the architects Udo von Schauroth and Werner Stücheli. It is also located opposite the old opera house whose reconstruction was obtained through sheer obstinacy after decades of battle by the citizens of Frankfurt. The architect was served the task of mediating between all of those emotionally occupied positions and an ambitious client.

He appears to have managed that remarkably well. Criticism in Frankfurt of the new 170-meter-high structure had already lapsed into silence before the building was completed – unusual for a project of such dimensions. This was the result of two tricks, which tacitly shifted the tower out of the firing line: its insertion into the urban fabric and the façade design. "The urban concept was my main priority," says Mäckler, pointing out that, "the most important nineteenth-century city square in Frankfurt" has finally been recomposed. This is precisely what the old skyscraper had failed to do. Mäckler managed it by designing a perimeter block structure with the same eaves heights as the neighboring buildings and the opera. The 170-meter-high tower rises up behind that – a concept that is something of a "German invention" in skyscraper building. In Frankfurt, one can now marvel at the excellent response that this provides to the typology of the European city.

The second trick lies in his choice of façade materials. Mäckler deliberately refused the glass fetishism of skyscraper engineering, choosing instead a Portuguese limestone of noble light-yellow-beige color to correspond to the opera façade and the perimeter buildings of the square. Its effect is stunning, as the architect himself remarks: the square's original unity, which was lost in the post-war period, has now been reestablished. While the square had been ripped open to all sides according to an ideology of flowing spaces, composition has now been restored to it. The fact that this has been carried out in the same light color tones and noble style that also characterizes the neighboring buildings, creates an aesthetic unison in which old and new structures fuse to form one ensemble.

An essential part of this can be attributed to the highly refined working of the stone, which has yielded apparently seamless walls. The precisely aligned joints of these between 60- and 120-millimeter-thick slabs, each fixed with four stainless steel anchors, the fluting and sharply carved cornices, the pilaster strips that run vertically over the whole building, the double-height arcades of the perimeter block structure, the eighteen-meter-high stone lobby that stretches over three stories on whose 400-square-meter area eight single family homes could be stacked – all of this gives the skyscraper a generosity and elegance that is rarely achieved in more common glass towers. With plinth, shaft, and head, this building uses classical compositional elements without appearing to "historicize."

If the comparison does not seem presumptuous: in this sense Mäckler's skyscraper approximates an architectural ideal, which the baroque master-builder George Bähr, constructor of the Church of Our Lady in Dresden, already adopted. Namely to create a building that "from the ground right to the top were as if from one single stone" – as Bähr's contemporaries said of his stone dome above the Elbe 200 years ago. The OpernTurm can be said to be just as "unified" in its materiality, also forging a special path in skyscraper technology – as the Church of Our Lady did through its special dome technology.

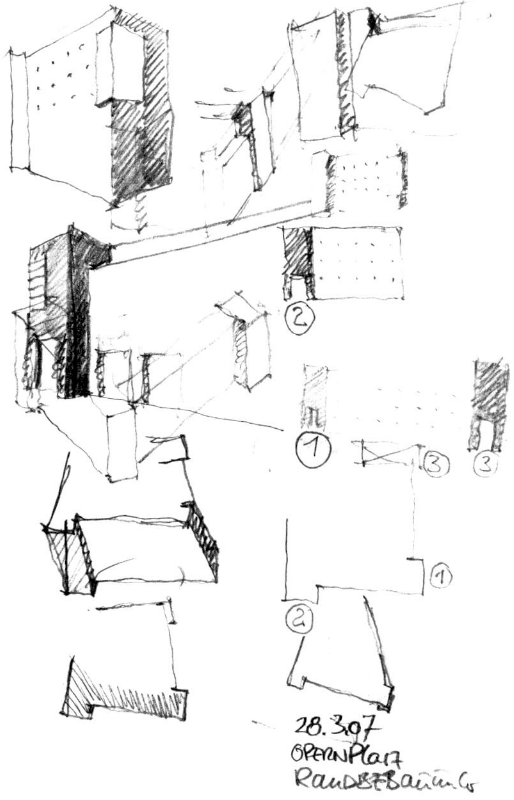
28.3.07
OPERNPLATZ
RANDBEBAUUNG

nen, die zweigeschossigen Arkaden der Blockrandbauten, die durch drei Geschosse reichende 18 Meter hohe steinerne Lobby, über deren 400 Quadratmeter Grundfläche acht Einfamilienhäuser gestapelt werden könnten – all dies verleiht dem Hochhaus eine Großzügigkeit und Eleganz, wie sie in den üblichen Glastürmen selten erreicht wird. Mit Sockel, Schaft und Kopf nimmt der Bau „klassische" Gliederungselemente auf, ohne „historisierend" zu wirken.

Wenn der Vergleich nicht zu vermessen erscheint: In diesem Punkt nähert sich Mäcklers Hochhaus einer architektonischen Idealvorstellung an, die schon der Barockbaumeister George Bähr, Erbauer der Dresdner Frauenkirche, verfolgt hatte. Nämlich ein Gebäude zu erschaffen, das „von Grund aus biß oben hinaus gleichsam nur ein einiger Stein" sei – wie es Zeitgenossen Bährs seinem steinernen Kuppelbau über der Elbe tatsächlich schon vor 250 Jahren nachgesagt haben. Ebenso „einig" in seiner Materialität darf sich der OpernTurm nennen, der – so wie mit ihrer speziellen Kuppeltechnologie die Frauenkirche – in der Hochhaustechnologie ebenfalls einen besonderen Weg aufzeigt.

Für den Architekten ist es zugleich ein Triumph über die ökologische Rekordjagd der Hightech-Kollegen. In der Diskussion mit einer Besichtigungsgruppe noch vor der Inbetriebnahme des Wolkenkratzers war es das einzige Mal, dass er den Professor hervorkehrte: „Glasfassaden sind Energievernichter. Da muss man die Wärme der Sonneneinstrahlung ja irgendwie wieder rausbringen. Meine Fassade ist zu 52 Prozent geschlossen und der Schattenwurf der Lisenen spart zusätzlich Kühlenergie. Das bringt schon per se eine Energieeinsparung von 23 Prozent, ohne dass wir dazu eine Maschine zu Hilfe nehmen müssen."

Planerisches Entwerfen ist für Mäckler ein ganzheitliches Projekt, keine formalästhetische Spielerei. Deshalb ist ein Bauwerk nie schon mit der ersten Idee „fertig", sondern durchläuft einen Reifungsprozess, in den die verschiedensten Anregungen und Einfälle einfließen. Der „Brutkasten" dafür ist das Skizzenbuch, das der Architekt stets griffbereit in der Jackentasche trägt. Er selbst sagt dazu: „Dieses Arbeitsinstrument ist für mich von besonderer Bedeutung, weil ich, wo immer ich eine ruhige Minute finde, damit arbeite. In ihm entstehen Konzepte, die dreidimensional gezeichnet werden, von städtebaulichen Ideen bis hin zu Details. Vor allem räumliche Details, Eingänge, Innenräume jeder Art, aber auch baukonstruktive und bautechnische Details wie beispielsweise Lampen, Schreinerarbeiten etc." Neben der planerischen Vernunft ist es dieses „handwerkliche" Element, das den Arbeiten dieses Architekten die charakteristische Fasson gibt. Vergegenwärtigt man sich, dass sich der architektonische Entwurfsprozess heute über weite Strecken in den Computer verlagert, so gewinnt die private Ebene des Skizzenbuchs die Bedeutung eines Rückzugsgebietes für die gedankliche und konzeptionelle Vertiefung. Ihren Stellenwert für das Projektieren schätzt der Architekt als hoch ein: „Diese Arbeitsweise, entfernt vom alltäglichen Stress, ist vielleicht eines der wichtigsten Elemente meiner Arbeit."

It is equally a triumph for the architect in the race for ecological records among his high-tech colleagues. The professor in him only once came through during a discussion with a group that was being taken around the site before the skyscraper opened, "Glass façades are energy annihilators. After all, one must somehow remove the heat generated by solar radiation. Fifty-two percent of my façade is closed and the shadow created by the pilaster strips saves further cooling energy. That provides an energy saving of 23 percent without having to use any technology."

For Mäckler, design planning is a holistic operation rather than just formal aesthetic dalliance. A building is therefore never "finished" with the first idea. It goes through a process of maturation into which the most diverse stimuli and ideas flow. The "incubator" for this is the sketchbook that the architect carries ready to hand in his jacket pocket. He says himself about it that, "this working instrument is of special significance to me, because I work with it whenever I find a quiet moment. Concepts are created in it, which are drawn three-dimensionally – from urban planning ideas through to details. Above all spatial details, entrances, interior spaces of every kind but also structural and technical details for example lamps and carpentry work etc." Apart from design rationality, it is this "manual" element that gives the work of this architect its characteristic style. Considering that a large part of architectural design processes have now shifted to the computer, the private realm of the sketchbook has become a place of retreat for intellectual and conceptual immersion. The architect highly estimates its significance in planning, "this working method, far away from everyday stress, is perhaps one of the most important elements of my work."

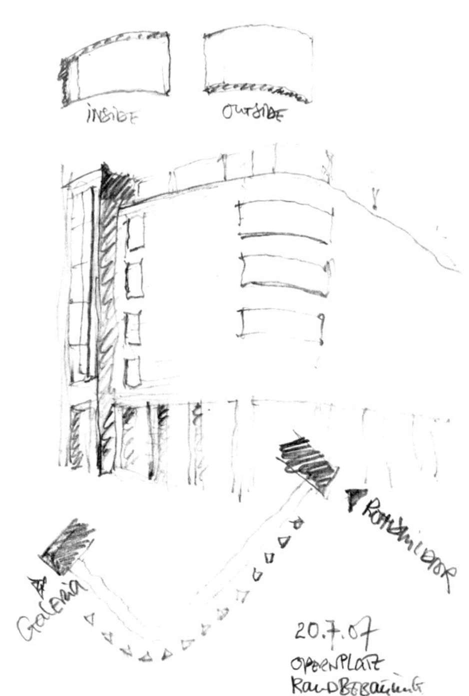

brot&butter
FACTUM
FACTUM

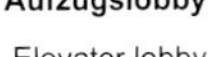

Aufzugslobby
Elevator lobby

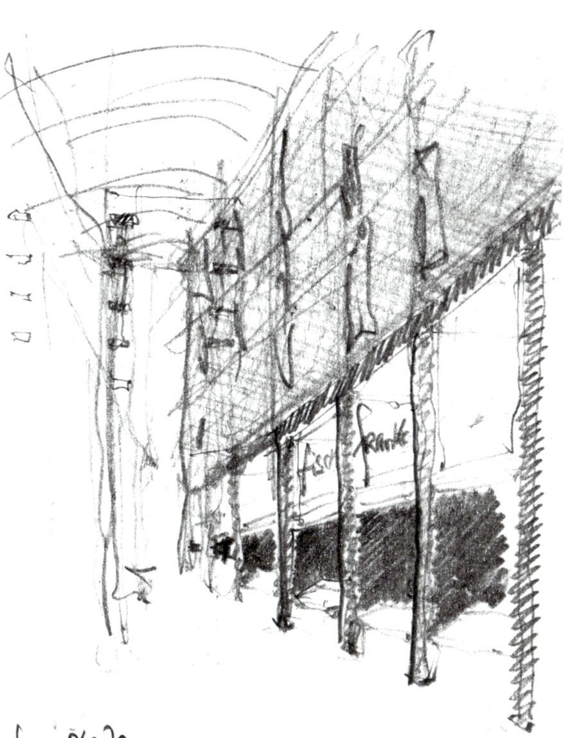

Der OpernTurm – UBS schlägt ein neues Kapitel für
Kunden und Mitarbeiter auf
Dr. Martin Deckert, COO und Vorstandsmitglied der UBS Deutschland AG

„Drei Dinge", so hat Johann Wolfgang von Goethe einmal gesagt, „sind an einem Gebäude zu beachten: dass es am rechten Platz stehe, dass es wohlgegründet, dass es vollkommen ausgeführt sei." Auf den OpernTurm trifft dies zu. Für ihn könnte man sich keinen anderen Platz mehr vorstellen. Blockrand und Turm fügen sich perfekt in das architektonische Ensemble rund um den Platz der Alten Oper ein. Der OpernTurm ist aber nicht nur ein neuer Meilenstein europäischen Städtebaus – mit dem Gebäude schlägt UBS auch ein weiteres Kapitel ihrer Firmengeschichte in Deutschland auf. Mit dem OpernTurm haben wir einen Standort gefunden, der die Wünsche und Anforderungen unserer Kunden und Mitarbeiter auf besondere Weise erfüllt. Kunden und Besucher können wir nun in einer weitläufigen und in der bislang höchsten Empfangshalle eines Unternehmens in Frankfurt – im 38. Obergeschoss in 150 Metern Höhe – begrüßen.

Sowohl die 24 individuell gestalteten Besprechungsräume für Kundentermine als auch die auf 19 Stockwerke verteilten zahlreichen Büros für unsere derzeit 900 Mitarbeiter in Frankfurt sind geprägt von dem Ziel, unseren Anspruch von Transparenz und Nachhaltigkeit auch durch die Architektur des OpernTurms zum Ausdruck zu bringen. Durchlässigkeit und freie Sicht kennzeichnen die lichtdurchfluteten Räume und Gänge, von denen der Blick nahezu ungehindert ins Freie schweifen kann. Das gilt auch in umgekehrter Weise: Die Fenster sind von außen nicht verspiegelt, sondern klar. Damit verfügen wir über eine Infrastruktur, die unsere Werte und unseren Anspruch für Kunden und Geschäftspartner optimal transportiert.

The OpernTurm – UBS Opens a New Chapter for
Clients and Employees
Dr. Martin Deckert, COO and Board Member of UBS Germany AG

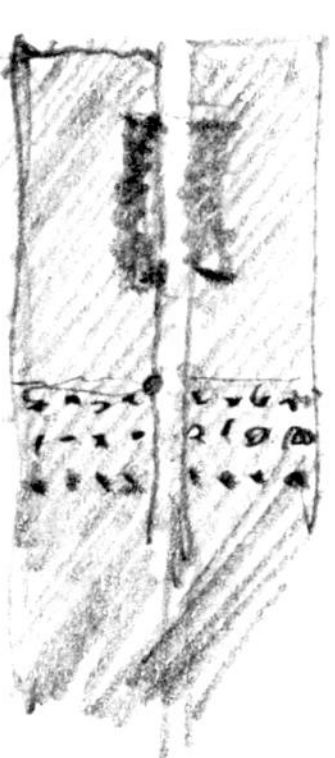

"Three things," Johann Wolfgang von Goethe once said, "should be considered in a building: that it stands on the right spot, that it is well founded and is perfectly executed." This can certainly be said of the OpernTurm; one could not imagine any other location for it. Its peripheral blocks and tower blend perfectly into the architectural ensemble about the old opera square. However, apart from being a milestone in European urban planning, the OpernTurm has also opened a new chapter in UBS company history in Germany. It has given us a headquarters that appropriately fulfills the desires and needs of our clients and employees. We are now in the position to welcome clients and visitors in a spacious and, to date, the highest reception hall in Frankfurt – on the thirty-eighth floor at a height of 150 meters.

Twenty-four uniquely designed meeting rooms for client appointments and manifold offices – distributed over nineteen floors for our nine-hundred-strong staff in Frankfurt – are defined by the objective to express our desired levels of transparency and sustainability through the architecture of the OpernTurm. Permeability and unobstructed views characterize its light-flooded rooms and corridors, from which the gaze can wander almost unhindered to the outside space. The opposite is also true – its windows are not reflective but clear. This gives us the perfect infrastructure through which to transport our values and standards to clients and business partners.

In line with this openness, UBS has also made its spaces accessible to the general public, thus providing a stage for cultural events, among other things. We are happy to welcome each visitor who wishes to savor the UBS Art Collection with over one hundred works, the aesthetic architecture, and a unique view over Frankfurt. Externally, the OpernTurm has also made a

Zur Offenheit gehört auch, dass UBS ihre Bereiche für eine breitere Öffentlichkeit öffnet und damit unter anderem eine Bühne für kulturelle Veranstaltungen schafft. Dabei freuen wir uns über jeden Besucher, der die UBS Art Collection mit mehr als 100 Werken, die ästhetische Architektur und den einmaligen Blick auf Frankfurt genießen möchte. Auch deshalb ist der OpernTurm ein zukunftsweisender Beitrag für die Stadt. Gleichzeitig machen die akustische Dämpfung, neueste Klimatechnik und die moderne Ausstattung in den Büroräumen den OpernTurm in Kombination mit der integrierten Kindertagesstätte zu einem der attraktivsten Arbeitsplätze in Frankfurt.

Das alles wäre nicht möglich ohne verlässliche Partner und eine im Sinne Goethes vollkommene Ausführung. Im Namen der UBS Deutschland AG danke ich daher an dieser Stelle allen, die mit ihrem Einsatz dieses Meisterwerk geschaffen haben – vor allem der Stadt Frankfurt, dem Projektentwickler Tishman Speyer sowie dem Architekten Christoph Mäckler – und natürlich zu guter Letzt unserem internen UBS Projektteam.

Die Beiträge, Fotos und Skizzen dieses Bildbands zeigen die Entstehung und Vollendung des OpernTurms. Ich bin mir sicher, dass Ihnen dieses Buch neue Perspektiven und inspirierende Einblicke in dieses besondere Bauwerk sowie eine klare Sicht auf die zugrunde liegenden Werte und das Selbstverständnis von UBS ermöglicht.

pioneering contribution to the city. Its noise absorption, newest climate technology, and the modern interior fittings of the office spaces in combination with an integrated kindergarten make it one of the most attractive places to work in Frankfurt.

All of this would be impossible without reliable partners and perfect execution in the sense of Goethe. On behalf of UBS Germany AG, I would therefore like to extend my thanks to those whose efforts have made this masterpiece possible – above all the city of Frankfurt, the project developer Tishman Speyer, and the architect Christoph Mäckler – and, of course, last but not least our own UBS project team.

The contributions, photos, and sketches in this illustrated volume demonstrate the creation and completion of the OpernTurm. I am certain that this book will give you new perspectives of and inspiring insights into this special building as well as provide you with a clear overview of the values that underpin UBS and of its own self-conception.

UBS Kundenbereich
UBS customer area

Restaurant im 1. Obergeschoss des Sockels
Restaurant in first floor of plinth

Stadtloggia 41. OG
City loggia forty-first floor

Ingenieur–Zentrum
für Bauphysik, Metallbau–,
Fenster–, Fassadentechnik

Emmer Pfenninger Partner AG

Weidenstrasse 13
CH–4142 Münchenstein
Telefon 061 / 416 96 96
Telefax 061 / 416 96 97
E–Mail info@eppag.ch
Internet www.eppag.ch

Ort / location	Bockenheimer Landstraße 2–4 60306 Frankfurt am Main
Größe / size	Grundstücksfläche / site area ca. 10 300 m² Mietfläche gesamt / total lettable area ca. 66 000 m² Höhe Turm / height tower 170 m, 42 Stockwerke / 42 stories
Zeitdaten / time data	Baubeginn / construction start Herbst / autumn 2006 Fertigstellung / completion Winter / winter 2009
Bauherr / client	Opernplatz Property Holdings GmbH & Co. KG
Projektentwickler / project developer	Tishman Speyer Properties Deutschland GmbH
Hauptmieter / main tenant	UBS Deutschland AG
Architekt / architect	Prof. Christoph Mäckler Architekten, Frankfurt am Main Projektleitung / project manager Henry Hess Mitarbeiter / project team Sonja Bockemühl, Cornelius Boy, Larissa Chinenaya, Martin Eichholz, Dieter Hassinger, Nadja Hellenthal, Nadine Lorius, Damian Paris, Christian Schmidt, Christian Wiechers, Stephanie Wymer
Garten- und Landschaftsplanung / **garden and landscape planning**	Adelheid von Schönborn
Tragwerksplanung / **structural engineering**	B+G Ingenieure Bollinger und Grohmann GmbH
Tragwerksplanung und Baumanagement / **structural engineering and construction management**	Grontmij GmbH
Fachplanung und Bauüberwachung Brandschutz / **fire control – specialized planning and building inspection**	BPK Brandschutz Planung Klingsch GmbH
Fassadenberatung und -planung / **façade consultancy and engineering services**	Emmer Pfenninger Partner AG
Planung Aufzugs- und Befahranlagen / **elevator and conveyor systems planning**	Jappsen Ingenieure GmbH
Schlüsselfertige Bauausführung u. teilw. Ausführungsplanung / **turnkey construction and partly detail design**	Ed. Züblin AG
Aufzüge und Rolltreppen / **elevators and escalators**	KONE GmbH Aufzüge und Rolltreppen
Glas-, Metall- und Natursteinfassade / **glass, metal and natural stone façade**	Josef Gartner GmbH
Natursteinfassade / **natural stone façade**	Hofmann GmbH + Co. KG